Wessen Schuld?

Wolfgang Wippermann

Wessen Schuld?

Vom Historikerstreit zur Goldhagen-Kontroverse

ELEFANTEN PRESS BERLIN

Antifa Edition
herausgegeben von Jens Mecklenburg

Lektorat Hilke Bölts / Jens Mecklenburg
Umschlaggestaltung Blank-Markard / Holtfreter
(mit einem Zitat des Schutzumschlages von
»Hitlers willige Vollstrecker« beim Siedler-Verlag, Berlin,
Hintergrundfoto dort aus dem Archiv des
Rijksinstituut Oorlogsdokumentatie, Amsterdam)
Gesetzt aus der Times
Majuskel SatzProduktion GmbH, Berlin
Druck und Bindung Nørhaven A / S, Viborg
Printed in Denmark
ISBN 3-88520-622-6

Inhalt

Einleitung
Warum die Aufregung um ein »einfach schlechtes Buch«? Von der Goldhagen-Kontroverse zum Historikerstreit

»Einfach ein schlechtes Buch« nannte der Stuttgarter Historiker Eberhard Jäckel Daniel Jonah Goldhagens Werk über »Hitlers willige Vollstrecker. Ganz gewöhnliche Deutsche und der Holocaust«. Tatsächlich gibt es einiges an Goldhagen zu kritisieren: So schließt er von der antisemitischen Einstellung der Angehörigen der Polizeibataillone auf die antisemitische Einstellung des gesamten deutschen Volkes, weil, so seine in der Tat merkwürdige Begründung, diese Polizisten und Mörder »ganz gewöhnliche Deutsche« gewesen seien, die aus allen Schichten der Bevölkerung gekommen seien. Die auf diese Weise »bewiesene« antisemitische Einstellung der Deutschen zur NS-Zeit leitet Goldhagen aus der Geschichte und Kultur der Deutschen ab, die sich schon immer durch einen besonders radikalen – Goldhagen spricht von »eliminatorischen« – Antisemitismus ausgezeichnet hätten. Dieser Antisemitismus habe dann direkt zum Holocaust geführt. Dabei werden andere Faktoren und die Tatsache übersehen, daß dem nationalsozialistischen Rassenmord keineswegs nur Juden zum Opfer fielen. Darüber weiß Goldhagen nur wenig zu berichten, und dieses Wenige ist teilweise auch noch falsch. Hier ist er ohne Zweifel nicht radikal genug.

Vor allem dies hätte kritisiert werden können und vielleicht sogar müssen. Doch das geschah kaum. Statt dessen wurde Goldhagen unterstellt, sich wie ein »Scharfrichter« (so Rudolf Augstein im »Spiegel«) mit »alttestamentarischem Eifer« (so Jost Nolte in der »Welt«) an den Deutschen rächen zu wollen, denen er in geradezu »rassistischer« Manier (so Heimo Schwilk in der »Jungen Freiheit«) eine »Kollektivschuld« (so fast alle Blätter von FAZ bis TAZ) unterstellen würde. Geradezu symbolisch für diese Einstellung war, daß Goldhagen in der ARD-Sendung vom 5. September 1996 wie ein Angeklagter abseits von seinen Kritikern plaziert und vom keineswegs moderaten Moderator Jürgen Engert auch so behandelt wurde.

Doch das Publikum sah dies anders. Aus dem Angeklagten wurde der Triumphator. Bei allen öffentlichen Diskussionsveranstaltungen in Hamburg, Berlin, Frankfurt, Aschaffenburg und München erhielt Goldhagen von den Zuhörern und Zuschauern viel Beifall. Während er im Feuilleton verurteilt worden war, feierte ihn das Volk bzw. diejenigen, die die heiß begehrten und überall seit Wochen ausverkauften Eintrittskarten bekommen hatten. Dies ließ dann auch seine Kritiker verstummen. Selbst der FAZ-Herausgeber Frank Schirrmacher, der Goldhagens Buch vor einigen Monaten noch gnadenlos »verrissen« hatte, lobte es nun, weil es wie der Holocaust-Film von 1978 eine »Zäsur« markiere. Stimmt das? Warum wurde Goldhagen erst so beschimpft und dann so gelobt? Warum so viel Aufregung um ein Buch, das sicherlich nicht ganz so schlecht ist, wie Jäckel meint, aber in fachwissenschaftlicher Hinsicht auch nicht viel Neues bietet, um das es sich zu streiten lohnen würde?

Meines Erachtens geht es bei der Goldhagen-Kontroverse nicht so sehr um fachwissenschaftliche, sondern weit mehr um politische Fragen, um Fragen unserer politischen Kultur, die nach wie vor von der Auseinandersetzung mit der nationalsozialistischen Vergangenheit geprägt ist. Wer diesen Diskurs bestimmt, die Begriffe besetzt und die entscheidenden Fragen stellt, der hat, um den viel zitierten Begriff des italienischen Marxisten Antonio Gramsci zu verwenden, den Kampf um die »kulturelle Hegemonie« in diesem Lande gewonnen. Dies war im Grunde immer so und zeigte sich besonders während des sogenannten Historikerstreits, der zehn Jahre vor dem Beginn der Goldhagen-Kontroverse ausbrach und direkt und indirekt wieder zu ihm zurückführt. Dies soll im folgenden näher ausgeführt und bewiesen werden.

Ich beginne mit der Frage, die im Zentrum des Historikerstreits stand, der Frage ob es sich beim Holocaust um ein singuläres Phänomen gehandelt hat oder ob die nationalsozialistischen Verbrechen mit denen in anderen Ländern zu vergleichen, ja deren notwendige Folge gewesen seien. Gehörte das Dritte Reich also in die Gruppe der »totalitären Diktaturen« oder war es vor allem wegen des Holocaust eine singuläre Erscheinung? Diese Totalitarismustheorie, die vor zehn Jahren als »überwunden« galt, hat, wie im ersten Kapitel gezeigt wird, vor allem nach dem Untergang des Kommunismus eine sehr bemerkenswerte Renaissance erfahren.

Dies gilt auch für die Hinweise auf die geographische »Mittellage« Deutschlands, die wesentlich für das verantwortlich gewesen sein soll, was der Historiker Friedrich Meinecke die »deutsche Katastrophe« genannt hat. Auch diese Frage bestimmte die Diskussion während des Historikerstreits und auch diese Diskussion ist, wie wir im zweiten Kapitel sehen werden, in den letzten Jahren weitergeführt worden. Die im dritten Kapitel behandelte Kriegsschulddiskussion stellte dagegen nur einen Nebenschauplatz des Historikerstreits dar, um dann jedoch, wie die im vierten Kapitel erörterte Frage über die angeblich »modernen« und »guten Seiten« des Dritten Reiches, ins Zentrum der gegenwärtigen zeithistorischen und gegenwartspolitischen Diskussion zu gelangen.

Alle vier Diskurse haben bei allen sonstigen Unterschieden eins gemeinsam: Sie sollen unsere Schuld relativieren, weil »die anderen« sich ebenfalls schuldig gemacht haben, weil die Geographie schuld war, weil die Kriegsschuld umstritten ist und weil wir keineswegs nur Schuld auf uns geladen haben. Gelingt diese Entschuldung der Vergangenheit, können wir unter diese Vergangenheit einen »Schlußstrich« ziehen und uns endlich wieder als eine »selbstbewußte Nation« fühlen, die »wieder« »Großmachtpolitik« betreiben darf und soll. Doch aus diesen nationalistischen Träumen und Phantasien wurden die Deutschen jäh durch Goldhagen herausgerissen, der, wie im fünften und letzten Kapitel gezeigt wird, die Schuldfrage neu stellte, weshalb er von vielen Deutschen mit vornehmlich nationalistischen und selbst antisemitischen Argumenten heftig attackiert wurde. Die Goldhagen-Kontroverse führt zum Historikerstreit zurück: Wessen Schuld?

»Totalitäre Diktaturen«? Trivialisierung durch Vergleich

Für den ehemaligen Mitarbeiter der Ostberliner Akademie der Wissenschaften und jetzigen Assistenten an der Humboldt-Universität Rainer Eckert war es »genug«.[1] Man solle endlich mit der Goldhagen-Diskussion aufhören. Schließlich sei es doch mehr als »fraglich«, ob der »Holocaust wirklich der alles entscheidende Punkt bei der Interpretation des Nationalsozialismus« sei. Der »Zentralpunkt der europäischen Geschichte dieses Jahrhunderts« sei nämlich nicht »Auschwitz«, sondern »die Verbrechen zweier totalitärer Diktaturen«, womit Eckert das Dritte Reich und die DDR meint.

Eckert hat mit dieser Einschätzung m.E. nicht unrecht. Tatsächlich ist es in den letzten sechs Jahren zu einem bemerkenswerten Wandel in der Einschätzung des Dritten Reiches gekommen, der jedoch von Goldhagen nicht mitgemacht wird, weshalb er dann auch so heftig angegriffen wurde. Während Ernst Nolte noch während des Historikerstreits deshalb so scharf kritisiert wurde, weil er die Singularität von Auschwitz geleugnet und statt dessen dazu aufgefordert hatte, die Verbrechen Hitlers mit denen Stalins zu vergleichen und die letzteren als Vorbedingung der ersteren anzusehen, werden heute Hitler mit Honecker, die Gestapo mit der Stasi und Auschwitz mit Bautzen verglichen. Derartiges wäre vor 10 Jahren völlig undenkbar gewesen. Schließlich wurden Honecker in Bonn und anderswo die roten Teppiche ausgerollt. Schließlich wurde die DDR zwar nicht geachtet, aber als wirtschaftlicher und politischer Partner respektiert, was selbst die »Bild-Zeitung« berücksichtigte, die im Sommer 1989 die bis dahin gebräuchlichen Anführungszeichen für die sogenannte DDR wegließ.

Doch 1990 und mehr noch 1991 änderte sich dies schlagartig. Die von der sowjetischen Besatzungsmacht errichteten sogenannten »Speziallager« wurden mit den nationalsozialistischen Konzentrations- und Vernichtungslagern verglichen.[2] Bei der Erregung über die Untaten der Stasi, die eigentlich jedem bekannt waren, wurde dauernd an die Gestapo erinnert,[3] und bei Berichten über das berüchtigte Zuchthaus Bautzen fiel verschiedentlich der Name Auschwitz, obwohl es eine mit diesem Konzentrations- und Vernichtungslager auch nur annähernd zu vergleichende Institution in der DDR nicht gegeben hat. Doch dafür habe das ostdeutsche Terrorregime ein, wie sich der Schriftsteller Jürgen Fuchs ausdrückte, »Auschwitz in den Seelen« hervorgerufen.[4]

Spätestens jetzt hätte man mit dieser Dämonisierung der DDR aufhören müssen, weil sie mit einer geradezu unerträglichen Verharmlosung des Dritten Reiches verbunden war.[5] Doch dies geschah nicht. Im Gegenteil, die Vergleiche zwischen Hitler und Honecker, Auschwitz und Bautzen, Gestapo und Stasi wurden jetzt wissenschaftlich begründet, und zwar mit dem Hinweis auf die bis dahin ebenfalls als überwunden und obsolet geltende Totalitarismustheorie. Daher ist es notwendig, sich in einem etwas ausführlicheren Exkurs mit der Entstehung und Entwicklung dieser Theorie und ihrer einzelnen Varianten zu beschäftigen,[6] bevor geprüft wird, ob diese Theorien auf die DDR anwendbar und die Vergleiche DDR/Drittes Reich stichhaltig und berechtigt sind.

Der Ursprung der Totalitarismustheorie liegt in der antifaschistischen und faschistischen Publizistik Italiens.[7] Italienische Antifaschisten waren es, die Mussolini Anfang der zwanziger Jahre vorwarfen, nach der totalen Macht zu streben. Doch Mussolini wies diesen Vorwurf keineswegs von sich, sondern behauptete geradezu trotzig, daß es tatsächlich sein Ziel sei, einen »stato totalitario«, einen totalen Staat zu errichten. Dagegen hat er sich nicht zu den gleichzeitig gezogenen Vergleichen zwischen Faschismus und Kommunismus geäußert. Mit Blick auf die »revolutionären« Züge des italienischen Faschismus behaupteten nämlich einige Liberale und Sozialdemokraten, daß der Faschismus große Ähnlichkeit mit dem Bolschewismus habe.[8] Der Führer der katholischen Volkspartei der Popolari, Luigi Sturzo, bezeichnete daher den Faschismus als »Rechtsbolschewismus« und den Bolschewismus als »Linksfaschismus«.[9]

Diese Rot-gleich-Braun-These wurde in Deutschland aus naheliegenden Gründen vor allem von Konservativen aufgegriffen, die ihre Gesinnungsgenossen, wie sich zeigen sollte vergeblich, davor warnten, mit der NSDAP ein Bündnis einzugehen, weil es sich bei dieser

Partei um eine »revolutionäre«, das heißt mehr sozialistisch als nationalistisch ausgerichtete Bewegung handele, die letzlich auch die Konservativen bedrohe.[10] Es gab jedoch auch verschiedene Sozialdemokraten, die es leid waren, von den Kommunisten als »Sozialfaschisten« beschimpft zu werden, und die deshalb im Gegenzug behaupteten, daß »Nazis« und »Kozis« im Grunde »gleiche Brüder mit ungleichen Kappen« seien.[11]

Totalitarismus war hier nichts anderes als ein politischer Kampfbegriff.[12] Er schien dann durch das Bündnis der so verfeindeten Diktatoren Hitler und Stalin bestätigt zu werden. Folglich gab es gerade zwischen 1939 und 1941 verschiedene Publikationen über das Phänomen des Totalitarismus. Einige wurden von Personen verfaßt, die früher selber Kommunisten gewesen waren oder zumindest mit den Ideen des Kommunismus sympathisiert hatten. Zu ihnen gehörten der Politikwissenschaftler Franz Borkenau[13] sowie die Schriftsteller Alfred Kantorowicz,[14] Arthur Koestler,[15] George Orwell,[16] Manès Sperber[17] und andere, die sich in ihren Berichten, Erinnerungen und fiktiven Erzählungen aber vornehmlich mit dem kommunistischen Totalitarismus beschäftigt haben. Einen größeren Bekanntheitsgrad erreichten diese Autoren, die in der kommunistischen Publizistik meist verächtlich als »Renegaten« bezeichnet wurden, meist erst nach 1945.[18]

Maßgebend dafür war, daß es nach dem deutschen Überfall auf die Sowjetunion, die sich darauf mit den westlichen Demokratien gegen Hitler verbündete, generell sehr still um den Totalitarismusbegriff wurde. Dies änderte sich erst nach Ausbruch des Kalten Krieges. Jetzt wurden die Sowjetunion und die übrigen Ostblockländer mit dem Dritten Reich verglichen und gleichgesetzt. Die politische Funktion derartiger Totalitarismustheorien ist unverkennbar. Dennoch ist es falsch, nur diesen Aspekt zu betonen und Theorien über den Totalitarismus generell und ausschließlich als Ideologien im Kalten Krieg zu bezeichnen.[19] Es gab auch eine wissenschaftliche Totalitarismusforschung.[20]

Abgesehen von den Studien, die die Ursprünge der modernen totalitären Staaten bis hin zu Hegel, Robespierre, Machiavelli, die Gnosis oder gar Platon zurückverfolgten,[21] ist hier an erster Stelle das sehr bewunderte (in der konkreten Forschung aber wenig rezipierte) Werk von Hannah Arendt zu nennen.[22] Für Arendt waren die totalitären Staaten ein spezifisch modernes Phänomen. Sie unterschieden sich von den bisherigen autoritären Regimen darin, daß sie die Freiheit nicht nur einschränkten, sondern völlig abschafften. Voraussetzung für die Entstehung totalitärer Diktaturen seien die Atomisierung und Vermassung der Menschen. Dies führe in eine Krise, für die die totalitäre Doktrin eine ebenso einfache wie radikale Erklärung habe: Schuld seien entweder bestimmte Klassen oder Rassen. Wenn man sie vernichte, könne die Krise überwunden werden. Dabei seien auch terroristische Methoden anzuwenden. Ideologie und Terror sind daher nach Arendt die wichtigsten Merkmale der totalitären Staaten, zu denen sie neben dem Dritten Reich die Sowjetunion unter Stalin rechnete. Zur DDR und zu den übrigen Ostblockstaaten hat sie sich nicht geäußert.[23]

Während Arendt eine historisch beschreibende Theorie des Totalitarismus vorlegte, haben die amerikanischen Politologen Carl-Joachim Friedrich und Zbigniew Brzezinski ein idealtypisch statisches Totalitarismusmodell entwickelt.[24] Danach sind Staaten als totalitär zu bezeichnen, wenn sie erstens über eine Ideologie verfügen, die sich entweder gegen »feindliche« Klassen oder Rassen richtet; zweitens ein Terrorsystem errichtet haben, das sich wiederum gegen Rassen oder Klassen richtet; drittens die Wirtschaft vollkommen der staatlichen Kontrolle unterworfen haben; viertens ein monolithisch geschlossenes Einparteienregime mit einem allmächtigen Führer an der Spitze geschaffen haben, das fünftens über ein Nachrichten- und sechstens über ein Waffenmonopol verfügt.

Dieses Totalitarismusmodell wurde in der westdeutschen Politik- und Geschichtswissenschaft der fünfziger und sechziger Jahre breit rezipiert, aber auch sehr bald kritisiert. Bemängelt wurde einmal der idealtypisch statische Charakter dieses Totalitarismusmodells. Wandlungen und Wendungen innerhalb der Geschichte »totalitärer« Staaten konnten daher nicht berücksichtigt werden. Sie fanden jedoch in der Sowjetunion und den Ostblockstaaten nach dem 20. Parteitag der KPdSU von 1956 unzweifelhaft statt. Die sich hier vollziehende »Entstalinisierung« war gewissermaßen im Modell nicht vorgesehen. Verschiedene Kommunismusforscher meinten daher, daß sich diese ursprünglich »totalitären« zu »autoritären« Staaten zurückgebildet hätten. Als »nur« noch »autoritär« galt vor allem die DDR, weil sie sich nach Ansicht der meisten westdeutschen DDR-Forscher zu einer »modernen Industriegesellschaft« entwickelt hatte, die auf den Einsatz von Terror weitgehend verzichtete und verzichten konnte.[25]

Einige der DDR- und Kommunismusforscher erwarteten sogar eine weitgehende Angleichung der östlichen an die westlichen »Industriegesellschaften«, was sie mit »Konvergenztheorien« und »Systemvergleichen« begründeten, die keineswegs immer zu Lasten der kommunistischen Diktaturen ausgingen.[26] Derartiges war natürlich Unsinn, was man schon damals hätte wissen können.[27] Festzuhalten ist, daß die weitaus meisten deutschen und internationalen Kommunismusforscher in den siebziger und achtziger Jahren das bis dahin vorherrschende Totalitarismusmodell von Friedrich und Brzezinski zunehmend in Zweifel gestellt und schließlich mehr oder minder gänzlich aufgegeben haben.

In der Nationalsozialismusforschung war es ähnlich.[28] Auch hier wurden die Mängel des Totalitarismusmodells von Friedrich und Brzezinski immer offenbarer. In diesem Zusammenhang wurde einmal darauf hingewiesen, daß die Wirtschaft im Dritten Reich keineswegs einer totalen staatlichen Kontrolle unterworfen worden sei. Faschistische und kommunistische Regime basierten auf unterschiedlichen sozioökonomischen Strukturen. Weiterhin wurde mit Nachdruck betont, daß Faschisten und Kommunisten gänzlich andere ideologische Ziele verfolgten, weshalb sich der in beiden Regimen unzweifelhaft vorhandene Terror gegen unterschiedliche Opfer gerichtet habe. Im Dritten Reich waren es die Juden und andere angeblich »rassisch minderwertige« Personen. In der Sowjetunion wurden dagegen Angehörige bestimmter Klassen bzw. sozialer Schichten verfolgt und ermordet. Schließlich wurde auch das vierte Element dieses Totalitarismusmodells in Frage gestellt. Verschiedene Nationalsozialismusforscher fanden nämlich heraus, daß das Dritte Reich keineswegs so monolithisch totalitär strukturiert gewesen ist, sondern statt dessen von so vielen Kompetenzstreitigkeiten gekennzeichnet war, daß es eher einen polykratischen Charakter hatte.

Vielleicht noch wichtiger als diese Kritik am Totalitarismusmodell von Friedrich und Brzezinski war, daß verschiedene Historiker das Dritte Reich nicht mehr in die Gruppe der totalitären, sondern der faschistischen Diktaturen einordneten. Einen prägenden Einfluß übten dabei die Werke von Ernst Nolte über den Faschismus aus,[29] dem daher auch das Verdienst zugesprochen wurde, den Faschismusbegriff rehabilitiert und die Totalitarismustheorie überwunden zu haben.[30]

Die Debatte über die Vor- und Nachteile des Totalitarismus- und des Faschismuskonzepts wurde keineswegs nur mit wissenschaftlichen Argumenten geführt. Dies gilt übrigens für beide Seiten, denn Faschismus- und Totalitarismustheorien haben einen Doppelcharakter. Sie sind wissenschaftliche Theorien und politische Kampfbegriffe zugleich. Dies soll zunächst am Faschismusbegriff erläutert werden: Charakterisiert man eine Partei oder ein Regime wie die NSDAP und das Dritte Reich als »faschistisch«, dann wendet man sich damit einmal gegen »singularisierende« Deutungen, wonach der Nationalsozialismus einen spezifischen Charakter gehabt und wonach Hitlers Machtstellung so total gewesen sei, daß das Dritte Reich als »Staat Hitlers« oder »Führerstaat« bezeichnet werden muß.[31] Spricht man dagegen in diesem Zusammenhang von einer »faschistischen« Partei bzw. vom »Faschismus an der Macht«, dann geht man von einer »generalisierenden« Deutung aus und bringt damit zum Ausdruck, daß es »Faschismus« in vergleichbarer Form auch in anderen Ländern gegeben hat, immer noch gibt und möglicherweise wieder geben wird.

Letzteres ist besonders wichtig. Viele Faschismustheoretiker sehen nämlich im »Faschismus« kein völlig »autonomes«, sondern ein »heteronomes« Phänomen, das nicht zufällig in kapitalistischen Gesellschaften entstanden und entweder in einem Bündnis mit oder als »Agent« von einigen kapitalistischen Kreisen zur Macht gekommen ist, was sich in Gegenwart und Zukunft unter gewissen Bedingungen (wie zum Beispiel in einer Wirtschaftskrise) wiederholen kann, solange die kapitalistische Gesellschaftsstruktur nicht abgeschafft oder zumindest weitgehend reformiert worden ist.

In der Studentenbewegung von 1968 und folgende war dies keine bloß theoretische Erörterung, sondern praktische Forderung.[32] Dabei wollten sich einige mit Reformen im Bereich der politischen Willensbildung und Eigentumsstruktur begnügen, die, wie die erweiterte Mitbestimmung im gesellschaftlichen und wirtschaftlichen Bereich sowie Verstaatlichungen von Betrieben und Immobilien, durch das Grundgesetz noch gedeckt oder sogar in ihm vorgesehen sind. Andere dagegen riefen zu einer völligen Abschaffung des kapitalistischen Systems auf, eben weil dieses »System« zum »Faschismus« geführt habe und angeblich in der Gegenwart wieder führe, was mit allen, auch gewaltsamen Mitteln zu verhindern sei. Bekanntlich haben dann einige derartige »Faschismustheorien« und »antifaschistische« Forderungen zur Legitimation ihrer terroristischen Aktionnen und Anschläge verwandt, die sich unter anderen auch gegen einige westdeutsche Professoren richteten.

Es ist mehr als verständlich, daß gerade diese Hochschullehrer, die von ihren eigenen Studenten als »Faschisten« denunziert und keineswegs nur verbal angegriffen wurden, mehr als betroffen reagierten. Dennoch war es überzogen und ungerecht zugleich, wenn sie nicht nur diese »Antifaschisten« und ihre ebenso gefährlichen wie verschrobenen »Faschismustheorien«, sondern alle verurteilten, die die historische und gegenwartspolitische Notwendigkeit und Legitimität des »Antifaschismus« betonten, über Faschismustheorien forschten und einen generischen Faschismusbegriff in ihren Forschungen verwandten.

Dazu einige Beispiele: Der amerikanische Historiker Henry Ashby Turner, der sich lange und intensiv mit der Widerlegung marxistischer Thesen über die Finanzierung der NSDAP durch deutsche Industrielle beschäftigt hat,[33] lehnte das Grundaxiom der marxistischen Faschismustheorien, wonach der Faschismus nun einmal auf dem Boden des Kapitalismus entstanden ist, mit der folgenden, eindeutig politisch motivierten Bemerkung ab: »Entspricht die weit verbreitete Ansicht, daß der Faschismus ein Produkt des modernen Kapitalismus ist, den Tatsachen, dann ist unser System kaum zu verteidigen.[34]

Der NS-Forscher Karl Dietrich Bracher vertrat in verschiedenen Publikationen die These, daß sich der »Faschismusbegriff« für die »konkrete Analyse« nicht nur als »unergiebig« erwiesen habe, er sei zudem ein ideologisiertes Produkt der »Marxismus-Renaissance« und ein bloßer »Kampfbegriff«, dessen »Renaissance« von Nolte »begünstigt, ja legitimitiert« worden sei.[35] Brachers Bonner Kollege Hans-Helmuth Knütter charakterisierte »Faschismus« gar als eine »unzulässig verallgemeinernde Bezeichnung, die von linksextremer Seite als innenpolitischer Kampfbegriff verwendet wird«.[36] Diese Kritik an der Verwendung eines generischen Faschismusbegriffs war eindeutig politisch motiviert.[37]

Doch dies gilt auch für die gleichzeitige und meist von den gleichen Autoren vorgenommene Favorisierung des Totalitarismus-Theorems.[38] Totalitarismustheorien dienten nämlich auch als westliche Kampfbegriffe im Kalten Krieg, ohne daß damit ihre wissenschaftliche Bedeutung grundsätzlich in Frage gestellt wurde. Dies war in verschiedenen westlichen Demokratien so. In der Bundesrepublik, die auf dem Höhepunkt des Kalten Krieges entstand, hatte die Totalitarismustheorie jedoch von Anfang an den Charakter einer Staatsideologie.[39]

Deutlich wurde dies bereits 1948/49 während der Verhandlungen des Parlamentarischen Rates angesprochen, als verschiedene unserer Verfassungsväter eindringlich dazu aufriefen, eine »demokratische Verfassung zu schaffen, in der vor allem der Gedanke der persönlichen Freiheit gegen totalitäre Staatsbestrebungen gesichert werden« müsse.[40] Diese Thesen wurden von dem einflußreichen Staatsrechtler und späteren Verfassungsrichter Gerhard Leibholz geteilt, der den »Totalitarismus« nationalsozialistischer und kommunistischer Provenienz ebenfalls als negatives Gegenbild zur »freiheitlich demokratischen Grundordnung« bezeichnet hat.[41] Diese Auffassung wurde in dem führenden Kommentar zum Grundgesetz von Maunz/Düring/Herzog/Scholz übernommen, in dem die im Artikel 18 erwähnte »freiheitlich demokratische Grundordnung« als »Gegenposition« zum »Totalitarismus« definiert wurde, was den Staat dazu verpflichte, auf den Totalitarismus »abzielende Bestrebungen von vornherein zu verhindern«.[42] In diesem Zusammenhang griff man auf den von Karl Loewenstein schon 1937 entwickelten Begriff der »streitbaren« (später »wehrhaft« genannten) Demokratie« zurück.[43]

Die Regierungen des Bundes und der Länder nahmen diesen so verstandenen antitotalitären Staatsauftrag der »streitbaren Demokratie« auch wahr. So wurde das Verbot der KPD im Jahre 1956 mit den »Erfahrungen« begründet, die man im Kampf mit »diesem totalitären System« gewonnen habe.[44] Gemeint war vor allem der Kommunismus, dessen Anhänger im Innern auch mit den Methoden einer »politischen Justiz« bekämpft wurden[45] und gegen den im außenpolitischen Bereich ein sehr heftiger, allerdings nur mit politischen und propagandistischen Mitteln ausgefochtener Kalter Krieg geführt wurde.[46]

Dieser Antikommunismus verstärkte zwar, wie Christoph Kleßmann bemerkt, die »Verankerung im westlichen Bündnis« und »befestigte das System der parlamentarischen Demokratie«, »beeinflußte« aber darüber hinaus »das gesamte innenpolitische Klima, indem Forderungen von links nach Veränderungen der Eigentumsverhältnisse und der Wirtschaftsordnung tendenziell als kommunistisch diskreditiert werden konnten«.[47] Dabei »verselbständigte« sich der Antikommunismus zu einer »Weltanschauung und zu einem sozialen Disziplinierungsmittel«,[48] was die »immer wieder beschworene ›freiheitlich-demokratische Grundordnung‹ zu gefährden drohte«.[49]

Dies wurde nicht erst in den siebziger Jahren deutlich, als der Staat über tatsächliche oder angebliche Verfassungsfeinde im öffentlichen Dienst Berufsverbote verhängte, die von kritischen Juristen als »Waffe(n) gegen die verfassungsrechtlichen Grundlagen der Demokratie« bezeichnet wurden.[50] Schon die 1962 von den Kultusministern der Länder erlassenen »Richtlinien für die Behandlung des Totalitarismus im Unterricht« schränkten die im Grundgesetz garantierte Wissenschaftsfreiheit ein, weil hier die Lehrer verpflichtet wurden, sich im Unterricht an der schon damals umstrittenen Totalitarismustheorie zu orientieren und ihren Schülern die »verwerfliche Zielsetzung« und »verbrecherischen Methoden« des »kommunistischen und des nationalsozialistischen Totalitarismus« zu verdeutlichen.[51]

Doch in den siebziger und achtziger Jahre gerieten diese Totalitarismusempfehlungen in Vergessenheit. Der Kalte Krieg wurde von der »Entspannungspolitik« abgelöst. Die Westmächte verhandelten mit den bisher geradezu verteufelten kommunistischen Staaten. Die Bundesrepublik schloß die Ostverträge ab und tolerierte die Neugründung der DKP. Vor diesem außen- und innenpolitischen Hintergrund sind Brachers »zeitgeschichtliche Kontroversen« zu verstehen, in denen er sich energisch für die Beibehaltung des Totalitarismus-Konzepts aussprach, weil man von dem Kriterium der »politischen Freiheit« ausgehen müsse und daher alle antidemokratischen Bestrebungen als »totalitär« bezeichnen könne.

Andere Politologen favorisierten dagegen ein scheinbar neues Konzept, das sie wahlweise »Radikalismus«-[52] oder »Extremismus-Forschung«[53] nannten. Tatsächlich handelte es sich hierbei jedoch nur um Ersatzbegriffe, die noch problematischer sind als das Totalitarismustheorem. Basierten diese scheinbar neuen Konzepte doch nicht auf einem wie auch immer gearteten Vergleich zwischen faschistischen und kommunistischen Bewegungen und Regimen, sondern auf der bloßen Konstruktion eines politischen Phänomens namens »Radikalismus« oder »Extremismus«. Diesen »Extremismus« gibt es jedoch in der Realität gar nicht. Er wird durch die mehr oder minder willkürliche politische Ausgrenzung von allen möglichen linken, rechten und selbst grünen Parteien, Personen und Ideen aus der »offenen Gesellschaft« des »demokratischen Verfassungsstaates« mit seiner »freiheitlich-demokratischen Grundordnung« künstlich geschaffen. Hierfür einige Beispiele:

Hans-Günther Merk bezeichnete »Extremismus als eine gegen die Wertvorstellungen einer Gemeinschaft von Menschen gerichtete Verhaltensweise«.[54] Danach wären auch die aufständischen Bauern zu Beginn des 16. Jahrhunderts und die Widerstandskämpfer in der NS-Zeit als »Extremisten« zu bezeichnen. Merk scheint dies zu bemerken, wenn er im folgenden präzisiert, daß nur diejenigen als »Extremisten« einzustufen sind, die sich gegen die »Wertvorstellungen zumindest der gesamten ›freien Welt‹« ausgesprochen oder sich als »Gegner einer freiheitlich-demokratischen Grundordnung (i. S. des Grundgesetzes)« betätigt hätten. Natürlich ist dies eine mehr als willkürliche Setzung, gegen die Bewohner von demokratischen Staaten energisch protestieren müßten, in denen das Grundgesetz keine Geltung hat.

Ähnliche Schwierigkeiten haben Uwe Backes und Eckhard Jesse, für die »Extremismus« eine »Sammelbezeichnung für unterschiedliche politische Gesinnungen und Bestrebungen« ist, »die sich in der Ablehnung des demokratischen Verfassungsstaates und seiner fundamentalen Werte und Spielregeln einig wissen«.[55] Dazu zählen sie sowohl Anhänger des »Rechtsextremismus« wie des »Kommunismus« und des »Anarchismus«. Völlig unverantwortlich wird es, wenn sie diesen »Extremisten« eine Art Bundesgenossenschaft unterstellen: »Rechts- und Linksextremisten brauchen mithin einander. Letztlich sind sie also gar nicht daran interessiert, daß die andere Variante des Extremismus, die sie zu bekämpfen vorgeben, gänzlich von der Bildfläche verschwindet. Sie wollen vielmehr das hervorrufen, was sie so heftig attackieren.«[56]

Manfred Funke schließlich möchte alle »Demokraten« in einen inneren, alle »Extremisten« in einen äußeren Kreis einordnen, wobei er dann »dem Extremisten« unterstellt, »das soziale Paradigma, in dem er lebt, bis zur Vernichtung hin verächtlich« zu machen, »auf die Abschaffung der gegebenen Verhältnisse unter prinzipieller Bejahung des Gewalteinsatzes zur Durchsetzung der neuen Wertvorstellungen« zu drängen und »insgeheim ein Minderheits-Massenmensch, verstrickt in Skrupeln, die Umkehr und Kompromiß nicht ausschließen«, zu sein.[57] Derartige Klassifizierungen erinnern mehr an »Brehms Tierleben« als an eine politikwissenschaftliche Theorie. Zum Verständnis des – sträflich unterschätzten – Rechtsextremismus hat diese Extremismus-Forschung wenig beigetragen.

Die Versuche, »Extremismus« als einen Ersatzbegriff für das umstrittene Totalitarismuskonzept aufzubauen, waren nicht sehr erfolgreich. Hinzu kam ein weiteres Moment. In den achtziger Jahren nahm in der (alten) Bundesrepublik das Interesse an der Geschichte des Holocaust sichtbar zu. Dabei mehrten sich die Stimmen, die meinten, daß der Mord an den europäischen Juden ein letztlich einmaliges Verbrechen in der Geschichte der Menschheit gewesen sei.[58] Diese Erkenntnis stand nicht nur im Widerspruch zur Totalitarismustheorie, sondern auch zur These Ernst Noltes, wonach der Faschismus primär antimarxistisch und eben nicht antisemitisch oder rassistisch gewesen sei.[59] Anstatt sie zu revidieren, hielt Nolte an dieser These nicht nur starrsinnig fest, er radikalisierte sie sogar, was jedoch in der Öffentlichkeit zunächst wenig beachtet wurde.[60]

Nach Nolte hat es zwischen den Herrschaftssystemen Hitlers und Stalins nicht nur Ähnlichkeiten, sondern kausale Verknüpfungen gegeben.[61] Da das bolschewistische Regime eher entstanden sei, habe Hitler seine, wie sich Nolte ausdrückte, »asiatischen« Taten gewissermaßen in präventiver Absicht begangen, nämlich um sich vor Stalin zu schützen und ihm zuvorzukommen.[62] Diese These kleidete Nolte in die folgende rhetorische Frage: »Aber gleichwohl muß die folgende Frage als zulässig, ja unvermeidbar erscheinen: Vollbrachten die Nationalsozialisten, vollbrachte Hitler eine ›asiatische‹ Tat vielleicht nur deshalb, weil sie sich und ihresgleichen als potentielle oder wirkliche Opfer einer ›asiatischen‹ Tat betrachteten? War der Archipel Gulag ursprünglicher als Auschwitz?«[63]

Diese These, die Nolte zunächst in einem Zeitungsartikel, dann in einem dickleibigen Buch über den »europäischen Bürgerkrieg« zwischen Kommunisten und Anti-Kommunisten in einer immer zugespitzter und radikaler werdenden Weise vertrat,[64] lösten den sogenannten Historikerstreit aus, in dem es im wesentlichen um drei Momente ging. Einmal um die ganz offensichtlich politisch motivierte Intention Noltes, unter die nationalsozialistische »Vergangenheit, die nicht vergehen will«, eine Art »Schlußstrich« zu ziehen, was fast einhellig abgelehnt wurde.[65] Zweitens wurde die von Nolte behauptete Kausalität vom kommunistischem Klassen- und nationalsozialistischem Rassenmord zurückgewiesen. Schließlich ging es drittens um die Frage, ob die nationalsozialistischen Verbrechen, für die Auschwitz zum Symbol geworden ist, mit denen in anderen Regimen verglichen werden könnten. Auch dies wurde von fast allen Beteiligten an dieser Kontroverse abgelehnt. Vergleiche mit anderen Regimen würden zu einer Aufrechnung und Trivialisierung der Schrecken des NS-Regimes führen. Auschwitz sei ein historisch singuläres Phänomen. Einige meinten sogar, daß die nationalsozialistische Judenvernichtung nicht nur einzigartig, sondern auch letztlich unerklärbar sei.[66] Der Holocaust markiere die »Grenzen des Verstehens«.[67] Diese These, die vor allem von jüdischen Historikern vertreten wurde, war allerdings umstritten. Kaum umstritten, ja kaum noch thematisiert wurde, daß sich Totalitarismustheorien als gänzlich ungeeignet erwiesen hatten, die Singularität von Auschwitz zu erklären.

Heute, zehn Jahre nach Beginn des »Historikerstreits«, ist fast alles anders. Heute sind die Stimmen völlig verstummt, die auf die Grenzen hinweisen, auf die Historiker bei ihren Versuchen stoßen, den Holocaust in allen Einzelheiten zu beschreiben und zu erklären. Dabei ist die Warnung des israelischen Schriftstellers Abba Kovner schon bedenkenswert, daß das Aufklärungsinteresse der Historiker dazu führen könne, daß »der Nebel sich zu lichten scheint und alles in gewohnten Worten an seinen Platz steht (...) und selbst der Schrecken gewogen und gemessen werden kann«.[68]

Fast völlig vergessen scheinen heute auch die moralisch und ethisch begründeten Warnungen vor einem Vergleich der Verbrechen zu sein, die von dem nationalsozialistischen und die von kommunistischen Regimen begangen worden sind. Die generelle »Zulässigkeit des Vergleichs von Kommunismus und Nationalsozialismus« wird kaum noch bestritten, obwohl »jeder strukturelle Vergleich (...) unvermeidlich auch zur strukturellen Relativierung« führt.[69] An die Stelle des Vergleichs-Verbots ist das Vergleichs-Gebot getreten. Übersehen wird dabei einmal, daß die Methode des Vergleichs umstritten war und von der Schule des Historismus sogar scharf abgelehnt wurde. Hinzu kommen die erwähnten Mängel der vergleichenden Totalitarismusforschung. Sie sind heute keineswegs überwunden. Dies soll zunächst an den Ausführungen von Imanuel Geiss verdeutlicht werden, der sich in seinem polemischen Kommentar zum, wie er sagt, »Hysterikerstreit« so vehement für den Vergleich der beiden »Totalitarismen« ausgesprochen hat.

Nach Geiss sind Kommunismus und Nationalsozialismus »Produkte der Industrialisierung des Ersten Weltkrieges«. Dabei seien die »in komplexen modernen Gesellschaften normale(n) Meinungsunterschiede und Spannungen hinter der Fassade einer totalitär-monolithischen Einparteiendiktatur« mit »sozialistischem Anspruch« unterdrückt und verdrängt worden.[70] Geiss will hier einmal die Erkenntnisse der neueren Nationalsozialismusforschung nicht zur Kenntnis nehmen, wonach das Dritte Reich eben keine »totalitär-monolithische Einparteiendiktatur« gewesen ist.[71] Hinzu kommt seine Gleichsetzung von »nationalem und international-›proletarischem‹ Sozialismus«, die er ganz offensichtlich der Wahlkampfpropaganda der CDU der achtziger Jahre entnommen hat.

Sehr problematisch ist schließlich auch sein Versuch, die Aggressivität der beiden »Totalitarismen« mit dem jeweiligen »Industrialisierungsgrad« zu erklären. So meint er, daß sich die »Spannungen« im »industrialisierten Deutschland« überwiegend als Aggression nach außen entladen hätten, »weshalb die meisten Opfer des Dritten Reiches Nicht-Deutsche« gewesen seien, während die »meisten Opfer des Kommunismus« im »industriell unterentwickelten Rußland« als »Angehörige des eigenen Imperiums« zu bezeichnen seien.[72]

Daß die »meisten Opfer des Dritten Reiches Nicht-Deutsche« waren, ist zwar formal richtig, aber kein Unterscheidungskriterium, weil eben auch viele Deutsche, vor allem deutsche Juden zu diesen Opfern gehörten. Außerdem gehörten die Balten, Tataren, Ukrainer etc. keineswegs freiwillig zum sowjetischen »Imperium«. Was die Verfolgungsmaßnahmen in beiden Regimen mit dem »Industrialisierungsgrad« zu tun gehabt haben sollen, ist völlig unerfindlich. Dennoch will Geiss darin den wichtigsten Unterschied zwischen Auschwitz und dem Gulag sehen: »Der höhere Industrialisierungsgrad Deutschlands ermöglichte die Technik des industrialisierten Massenmordes von Auschwitz, Treblinka und Majdanek. Die niedrigere Industrialisierungsstufe der UdSSR reicht nur zur rationalisierten, aber noch konventionellen Methode des administrativen Massenmordes – Genickschuß, Verhungernlassen, Zutodearbeiten unter unmenschlichen Lebens- und Arbeitsbedingungen.«[73]

Wer das Besondere am Holocaust in der »Technik des industrialisierten Massenmordes« sehen will,[74] hat nun wirklich kaum etwas begriffen. Auschwitz stellt kein bloß technisches, noch nicht einmal ein historisches, sondern ein ethisches Problem dar, weil dieser Massenmord in einem Land stattfand, das sich als kultiviert und christlich verstand. Doch diese ethischen und religiösen Fragen werden nicht nur von Geiss, sondern auch von den übrigen Teilnehmern an der neuen Diskussion über das alte Phänomen des sogenannten Totalitarismus in den Hintergrund gedrängt.

Hinzu kommt eine ausgesprochen gegenwartspolitisch geprägte Tendenz, die durch alle wissenschaftliche Verkleidung und Verbrämung immer wieder durchscheint. So, wenn der neurechte Ideologe Karlheinz Weißmann triumphierend meint, daß die »Aufklärungs-Fundamentalisten« im »Historikerstreit« nur einen »Pyrrhus-Sieg« errungen hätten, da die »Konfrontation mit der Wirklichkeit des anderen großen totalitären Regimes nach dem Zusammenbruch des Kommunismus« den »Paradigmawechsel, der anderweitig vorbereitet wurde,« beschleunigt habe.[75] Weißmann steht mit dieser politisch motivierten Parteinahme für den Totalitarismusbegriff keineswegs allein da.

Auch Eckhard Jesse hält es in einem wissenschaftlichen Aufsatz zunächst einmal für notwendig, ehemalige Linke wie den früheren Frankfurter ASTA-Vorsitzenden Wolfgang Kraushaar dafür zu loben, daß dieser sich nun »genötigt« sehe, den Totalitarismusbegriff »angesichts der desaströsen Hinterlassenschaft des ›realen Sozialismus‹« aufzuwerten, um dann diejenigen heftig zu tadeln, die diesen Terminus immer noch ablehnen.[76] Hier wird der Totalitarismusbegriff zu einem Geßler-Hut, vor dem jeder aufrechte Demokrat seine Verbeugung zu machen hat.

Noch deutlicher wird diese politische Tendenz bei Hans-Helmuth Knütter, der jeden als Gegner der »freiheitlich-demokratischen Grundordnung« denunziert, der sich nicht zu dem verlangten »antitotalitären« Grundkonsens bekennt.[77] Dies war so selbst während der Hochphase des Kalten Krieges nicht verlangt worden. Nach dem Ende des Kalten Krieges sind solche Beschimpfungen einmal funktionslos geworden, zum anderen kaum mit der in der Verfassung garantierten Meinungsfreiheit vereinbar. Zynisch ist Knütters Bemerkung, wonach die »rechtsextremen Aktivitäten«, womit er offensichtlich die schändlichen Übergriffe auf Ausländer meint, »für die zusammengebrochene, desorientierte Linke (...) geradezu ein Geschenk des Himmels gewesen« seien.[78]

Nein, die schrillen Töne, mit denen der angeblich »stille Sieg«[79] des Totalitarismusbegriffs gefeiert wird, lassen die Frage als berechtigt erscheinen, ob es hier nicht doch mehr um Politik als um Wissenschaft geht. Tatsächlich ähnelt vieles, was als wissenschaftlich ausgegeben wird, mehr der westlichen Propaganda im Kalten Krieg. Beispiele dieser Kalten-Kriegs-Publizistik nach dem Ende des Kalten Krieges findet man einmal innerhalb der »neuen« Sowjetologie. So hält der amerikanische Historiker Martin Malia das Totalitarismusmodell von Friedrich und Brzezinski durch den Zusammenbruch der Sowjetunion, den er mit der Niederlage Deutschlands im Zweiten Weltkrieg vergleicht, für bewiesen.[80] Nicht genug damit, daß er hier Hitlers Krieg mit Gorbatschows Perestroika gleichsetzt, Malia erklärt den »sowjetischen Totalitarismus zum schlimmsten und langlebigsten des ganzen Jahrhunderts«, weil der »sowjetische Terror (...) ein Vielfaches der Opfer sämtlicher Konzentrationslager Hitlers« gefordert habe.[81] So kann man den Holocaust auch relativieren.

Ähnliche aufrechnende Vergleiche findet man in dem Buch von Richard C. Raack über »Stalin's Drive to the West«.[82] Stalin habe mit diesem aggressiven »Drang nach Westen« spätestens 1937 begonnen und 1939 einen ersten Erfolg durch den Abschluß des Paktes mit Hitler erzielt. Weitere territoriale Gewinne habe Stalin dann wegen der Nachgiebigkeit Churchills und Roosevelts erreicht, die sie vor allem auf den Kriegskonferenzen gezeigt hätten. Bei dieser Kritik an der Politik des Westens übersieht Raack, daß es neben dem russischen »Drang nach Westen« auch einen »deutschen Drang nach Osten« gegeben hat.

Auffällig bei Malia, Raack und anderen Sowjetologen ist nicht nur, daß sie sich durch die Ereignisse in ihrer Kritik der »revisionistischen« Schule[83] in den USA bestätigt fühlen, die nicht der Sowjetunion die Schuld am Ausbruch des Kalten Krieges gegeben hat. Hinzu kommt eine zwar nicht offen eingestandene, aber deutlich erkennbare Furcht, daß die Grundlagen der westlichen Demokratie gerade deshalb in Gefahr seien, weil man nun nach dem Zusammenbruch des Kommunismus über kein wirkliches Feindbild mehr verfügt. In Deutschland dagegen scheint man den Wegfall des kommunistischen Feindbildes schon deshalb verschmerzen zu können, weil dieses Feindbild auf dem viel älteren des »Ostens« basiert, aus dem schon immer »asiatische Horden« »geströmt« und »geflossen« seien, gegen die man sich durch die Errichtung von »Dämmen« und »Deichen« zur Wehr gesetzt habe. So schreibt der Würzburger Politologe Bernhard Marquardt in seinem 1991 veröffentlichten Buch über den »Totalitarismus – ein gescheitertes Herrschaftssystem«, daß der »östliche Teil unseres Kontinents« durch die ständigen »Interventionen östlicher Mächte (Mongolen, Osmanen)« völlig vom »westeuropäischen Raum« separiert worden sei.[84] Dies habe Folgen bis auf den heutigen Tag und verhindere die »eigentlich notwendige Integration Rußlands (Sowjetunion) in Europa«. Daher meint Marquardt, in Rußland nur »Chaos« und eine neue »totalitäre Gefahr« erkennen zu können.[85]

Unverkennbare ideologische Tendenzen gibt es auch in der neuen DDR-Forschung. Manchmal hat man sogar den Eindruck, daß hier alte politische, ja hochschulpolitische »Rechnungen präsentiert« werden.[86] Wenn hier die »Renaissance einer lange tabuisierten Konzeption« gefeiert wird, [87] so wird man den Verdacht nicht los, hier wolle man durch den Hitler-Honecker-Vergleich endlich aus dem »Schatten der (nationalsozialistischen) Vergangenheit« heraustreten, was übrigens von den gleichen Autoren im anderen Zusammenhang immer gefordert worden ist.[88]

Nun kann man zwar leicht gegen die erwähnten Thesen der »alten« DDR-Forschung polemisieren, weil es eben nicht zu einer Konvergenz und weiteren Reform der DDR gekommen ist, die Frage bleibt jedoch, ob die DDR der achtziger Jahre wirklich noch »totalitär« oder nicht doch »nur« noch »autoritär« gewesen ist.[89] Jesse kann sich nicht entscheiden. Einmal stellt er fest, daß sich die »totalitäre Struktur«

der DDR »wider den Willen der Machthaber zwar nicht aufzulösen, aber beträchtlich abzuschwächen« begonnen habe, um gleichzeitig zu betonen, daß die Partei- und Staatsführung an ihrem »totalitären Anspruch« festgehalten habe. Das Dilemma »totalitär« oder »autoritär« »löst« Jesse schließlich durch die Erfindung eines neuen Wortes: Die DDR der achtziger Jahre sei eine »autalitäre Diktatur« gewesen.[90] Dies wirkt nun wirklich nicht sehr überzeugend.

Die Frage, ob die DDR wirklich ein »totalitäres« Regime gewesen ist, was, wie erwähnt, keineswegs nur von der jetzt so attackierten »alten« DDR-Forschung, sondern auch von Hannah Arendt verneint wurde,[91] wird auch in der gegenwärtigen Forschung weiterhin kontrovers diskutiert. Zurückhaltend hat sich der Leiter des Potsdamer Forschungsschwerpunktes Zeithistorische Studien, Jürgen Kocka, zur Anwendung des Totalitarismuskonzepts geäußert.[92] Strikt abgelehnt wurde es von Arnold Sywottek und auch von Ralph Jessen.[93] Erste Versuche, die DDR wirklich mit dem Dritten Reich zu vergleichen, wie sie unter anderem von einigen Assistenten und Studenten der Universität Freiburg durchgeführt worden sind, überzeugen nicht.[94] Problematisch scheinen mir auch die Versuche zu sein, die Opposition in der DDR mit dem Widerstand im Dritten Reich zu vergleichen und gleichzusetzen.[95]

Doch wie immer diese Diskussion ausgehen wird, die Gefahr bleibt bestehen, daß durch derartige Vergleiche die DDR dämonisiert und das Dritte Reich verharmlost werden. Auf die politischen Konsequenzen, die das haben kann und nach dem Willen von rechten Ideologen wie Zitelmann auch haben soll,[96] hat unter anderem Friedbert Pflüger hingewiesen. Pflüger schreibt in seinem Buch über »Deutschland driftet. Die Konservative Revolution entläßt ihre Kinder«: »Wird jetzt die rechte Tyrannei abgelegt, eingeordnet und bagatellisiert, die linke dagegen dämonisiert – so werden Rechtsradikale und Konservative Revolutionäre salonfähig. Dann beanspruchen sie ihren Platz im demokratischen Verfassungsspektrum, dann verschiebt sich die Mitte nach rechts. Die Maßstäbe verschwimmen und Deutschland driftet.«[97]

Ich teile diese Befürchtung und warne vor derartigen Vergleichen, weil sie zu der schon von Peter Gay befürchteten Trivialisierung des Dritten Reiches führen können. Goldhagen jedenfalls hat derartigen Vergleichen eine scharfe Absage erteilt. Auch deshalb ist er von so vielen kritisiert worden.

Anmerkungen

1 Rainer Eckert, Verkürzung der historischen Perspektive, in: »Der Tagesspiegel« vom 15.9.1996.

2 So etwa von: Alexander Fischer, Zur Geschichte der Sonderlager in der sowjetischen Besatzungszone, in: Erinnerung ist das Geheimnis der Versöhnung. 2. Buchenwald-Geschichtsseminar. Weimar, Buchenwald, Ettersberg 15.–17.11.1991, Weimar 1992, S. 41–50. Fischer vertrat hier die These, daß die sowjetischen »Sonderlager« den Zweck gehabt hätten, »die bürgerliche Elite (...) zu isolieren, wenn nicht gar zu dezimieren.« (S. 49).

3 Einer der ersten war Ernst Nolte, der in einem Zeitungsartikel die These vertrat, daß der »ungeheure Apparat der Staatssicherheit der DDR eine weit intensivere Überwachung der Bevölkerung zustande« gebracht habe, »als es die Gestapo im Dritten Reich vermocht« habe. Vgl.: Ernst Nolte, Die fortwirkende Verblendung, in: FAZ vom 22.2.1992.

4 Diese Äußerung machte Fuchs im Dezember 1991 gegenüber der »Welt«. Ich zitiere nach: Jürgen Elsässer, Antisemitismus – Das alte Gesicht des neuen Deutschland, Berlin 1992, S. 29.

5 Zur Kritik dieser Vergleiche: Eberhard Jäckel, Zweierlei Vergangenheit, in: »Der Spiegel« Nr. 52, 1991; Jürgen Habermas, Was bedeutet »Aufarbeitung der Vergangenheit« heute? Bemerkungen zur »doppeltenVergangenheit«, in: ders., Die Moderne – ein unvollendetes Projekt. Philosophisch-politische Aufsätze 1977–1992, Leipzig 1992, S. 242–267.

6 Zum folgenden: Martin Jänicke, Totalitäre Herrschaft. Anatomie eines politischen Begriffes, Berlin 1971; Walter Schlangen, Die Totalitarismus-Theorie. Entwicklung und Probleme, Stuttgart 1976; Wippermann, Faschismustheorien, S. 51–57; ders., Totalitarismus / Totalitarismustheorien, in: Dieter Nohlen (Hrsg.), Wörterbuch Staat und Politik. Neuausgabe 1995, Bonn 1995, S. 151–155; ders., Totalitarismus/Totalitarismustheorien, in: Dieter Nohlen/Rainer-Olaf Schultze (Hrsg.), Lexikon der Politik, Bd. I. Politische Theorien, München 1995, S. 88–95.

7 Dazu und zum folgenden: Jens Petersen, Die Entstehung des Totalitarismusbegriffs in Italien, in: Manfred Funke (Hrsg.), Totalitarismus. Ein Studien-Reader zur Herrschaftsanalyse moderner Diktaturen, Düsseldorf 1978, S. 105–128; ders., Die Geschichte des Totalitarismusbegriffs in Italien, in: Hans Maier (Hrsg.), »Totalitarismus« und »Politische Religionen«. Konzepte des Diktaturvergleichs, Paderborn 1996, S. 15–36.

8 Hinweise bei Wippermann, Faschismustheorien, S. 52 f.

9 Luigi Sturzo, Italien und der Faschismus, Köln 1926. Dazu jetzt: Michael Schäfer, Luigi Sturzo als Totalitarismustheoretiker, in: Maier (Hrsg.), »Totalitarismus«, S. 37–46.

10 So von dem ehemaligen Nationalsozialisten und Danziger Senatspräsidenten Hermann Rauschning, der nicht nur – nicht ganz echte – »Gespräche mit Hitler« veröffentlichte, sondern auch ein Buch über »Die Revolution des Nihilismus« (New York 1938) schrieb, das damals ziemlich bekannt war. Erwähnenswert ist auch der katholische Konservative Waldemar Gurian, der unter dem Pseudonym Walter Gerhart vor dem Nationalsozialismus warnte: Walter Gerhart, Um des Reiches Zukunft. Nationale Wiedergeburt oder politische Reaktion, Freiburg 1932. Zu Gurian jetzt: Heinz Hürten, Waldemar Gurian und die Entfaltung des Totalitarismusbegriffs, in: Maier (Hrsg.), »Totalitarismus« und »Politische Religion«, S. 59–70.

11 Dazu mit Beispielen aus der lokalen sozialdemokratischen Publizistik: Wolfgang Wippermann, »Weder Hitler-Knechte noch Stalin-Sklaven!« SPD und Faschismus in Bremerhaven-Wesermünde, in: Jahrbuch der Männer vom Morgenstern 61, 1982, S. 389–412.

12 Ich übergehe hier die Arbeiten von Rudolf Hilferding, Das historische Problem, in: Zeitschrift für Politik N.F. 1, 1954, S. 293–324 (zuerst: 1940); Ernst Fraenkel, Der Doppelstaat, Frankfurt / M. 1974 (zuerst: 1940) und Franz Neumann, Behemoth. Struktur und Praxis des Nationalsozialismus 1933–1944, Frankfurt/M. 1977 (zuerst: 1942/44), die

häufig fälschlich als »linke Totalitarismustheorien« bezeichnet werden, obwohl sie nur das Dritte Reich behandeln und keinerlei Vergleiche mit anderen Regimen vornahmen. Ideengeschichtlich handelt es sich um eine Anwendung und Weiterentwicklung der Bonapartismustheorie von Marx und Engels. Vgl. dazu: Wolfgang Wippermann, Die Bonapartismustheorie von Marx und Engels, Stuttgart 1982, S. 201 ff.

13 Franz Borkenau, The Totalitarian Enemy, London 1940.

14 Vgl. vor allem seine Erinnerungen an den Spanischen Bürgerkrieg: »Ein spanisches Testament«.

15 Vgl. vor allem die Schriften »Ein spanisches Testament. Aufzeichnungen aus dem Bürgerkrieg« und »Der Yogi und der Kommissar«.

16 Vgl. »Mein Katalonien« und die klassische Satire »Farm der Tiere«.

17 Zu Sperber, Koestler und Orwell die ziemlich einfältige Dissertation von: Horst Komuth, Manès Sperber, Arthur Koestler und George Orwell. Der Totalitarismus als Geißel des 20. Jahrhunderts, Würzburg 1987. Unfreiwillig komisch sind die Verbeugungen des Autors vor seinem Doktorvater, dem skandalumwitterten Würzburger Professor Lothar Bossle.

18 Dazu: Michael Rohrwasser, Der Stalinismus und die Renegaten. Die Literatur der Exkommunisten, Stuttgart 1991. Die »Renegaten« werden in den Studien zur Totalitarismusforschung von Jänicke und Schlangen nicht erwähnt.

19 Zu dieser Tendenz: Martin Greiffenhagen/Reinhard Kühnl/Johann Baptist Müller, Totalitarismus. Zur Problematik eines politischen Begriffs, München 1972.

20 Gute Dokumentation dieser Phase der Totalitarismusforschung in: Bruno Seidel/Siegfried Jenkner (Hrsg.), Wegen der Totalitarismusforschung, Darmstadt 1968.

21 Jacob L. Talmon, Die Ursprünge der totalitären Diktatur, Köln/Opladen 1961; Erwin Faul, Der moderne Machiavellismus, Köln/Berlin 1961; Eric Voegelin, Die politischen Religionen, Stockholm 1939; Neuausgabe München 1989; ders., Wissenschaft, Politik und Gnosis, München 1959; Karl Popper, der Zauber Platons, Bern 1957.

22 Hannah Arendt, Elemente und Ursprünge totaler Herrschaft, Frankfurt/M. 1955 (zuerst: 1951).

23 Im Vorwort zur deutschen Ausgabe ihres Buches hat Arendt ganz dezidiert die These vertreten, daß das totalitäre Regime in Deutschland »mit dem Tode Stalins nicht weniger sein Ende gefunden hat als in Deutschland mit dem Tode Hitlers«. Die Sowjetunion nach Stalins Tod könne man »im strengen Sinne des Wortes nicht mehr totalitär nennen.« Hannah Arendt, Elemente und Ursprünge totaler Herrschaft, Bd. III, Berlin 1975, S. 25 u. 24.

24 Carl Joachim Friedrich/Zbigniew Brzezinski, Totalitarian Dictatorship and Autocracy, Cambridge 1955. Die deutsche Übersetzung hatte nur Friedrich als Verfasser: Carl Joachim Friedrich, Totalitäre Diktatur, Stuttgart 1957.

25 Entwickelt wurde diese These von: Peter Christian Ludz, Parteielite im Wandel. Funktionsaufbau, Sozialstruktur und Ideologie der SED-Führung, Köln-Opladen 1968. Übernommen und weiter ausgebaut wurde diese Deutung der DDR dann u. a. von: Kurt Sontheimer/Wilhelm Bleek, Die DDR. Politik, Gesellschaft, Wirtschaft, 5. Aufl. Hamburg 1976; Horst Dähn, Das politische System der DDR, Berlin 1985; Dietrich Staritz, Geschichte der DDR 1949–1985, Frankfurt/M. 1985; Gert-Joachim Glaeßner (Hrsg.), Die DDR in der Ära Honecker. Politik – Kultur – Gesellschaft, Opladen 1989.

26 Derartige »Systemvergleiche« zwischen der demokratischen Bundesrepublik und der diktatorischen DDR konnte man in den 80er Jahren dann selbst in westdeutschen Schulbüchern finden.

27 Im Unterschied zu vielen seiner Kollegen hat der DDR-Experte Hermann Weber die Konvergenztheorien immer abgelehnt und an seinem Stalinismus-Konzept festgehalten. Allerdings hat auch er die Stabilität der DDR vor 1989 überschätzt. Vgl.: Hermann Weber, Die DDR 1945–1986, München 1988. Anders dagegen: Hermann Weber, DDR. Grundriß der Geschichte. Vollständig überarbeitete und ergänzte Neuauflage Hannover 1991.

28 Dazu: Totalitarismus und Faschismus. Eine wissenschaftliche und politische Begriffskon-

troverse. Colloquium im Institut für Zeitgeschichte, München 1980; Wolfgang Wippermann, Forschungsgeschichte und Forschungprobleme, in: ders. (Hrsg.), Kontroversen um Hitler, S. 57 ff.; Ian Kershaw, Der NS-Staat. Geschichtsinterpretationen und Kontroversen im Überblick, Reinbek 1988, S. 48 ff.; Hans Mommsen, Leistungen und Grenzen des Totalitarismus-Theorems: die Anwendung auf die nationalsozialistische Diktatur, in: Maier (Hrsg.), »Totalitarismus« und »Politische Religionen«, S. 291–300.

29 Ernst Nolte, Der Faschismus in seiner Epoche. Die Action francaise. Der italienische Faschismus. Der Nationalsozialismus, München 1963. Vgl. zum folgenden: Wolfgang Wippermann, Vom »erratischen Block« zum Scherbenhaufen. Rückblick auf die Faschismusforschung, in: Thomas Nipperdey u. a. (Hrsg.), Weltbürgerkrieg der Ideologien. Antworten an Ernst Nolte. Festschrift zum 70. Geburtstag, Berlin 1993, S. 207–215.

30 So meine Deutung in: Wippermann, Faschismustheorien, 1. Aufl. Darmstadt 1972, S. 77. Nolte hat dem schon 1979 widersprochen: Ernst Nolte, Despotismus-Totalitarismus-Freiheitliche Gesellschaft. Drei Grundbegriffe im westlichen Selbstverständnis, in: ders., Was ist bürgerlich?, Stuttgart 1979, S. 114–133.

31 Die Differenzierung zwischen »singularisierenden« und »generalisierenden«, »autonomen« und »heteronomen« Faschismustheorien nach: Ernst Nolte, Vierzig Jahre Theorien über den Faschismus, in: ders. (Hrsg.), Theorien über den Faschismus, Köln 1978, S. 1–75.

32 Dazu und zum folgenden: Wolfgang Wippermann, The Post-War German Left and Fascism, in: Journal of Contemporary History 11, 1976, S. 185–220.

33 Zusammengefaßt in: Henry Ashby Turner, Die Großunternehmer und der Aufstieg Hitlers, Berlin 1985.

34 Henry Ashby Turner, Faschismus und Kapitalismus in Deutschland, Göttingen 1972, S. 7.

35 Karl Dietrich Bracher, Der Faschismus, in: Meyers Enzyklopädisches Lexikon, Bd. 8, München 1973, S. 547–551.

36 Hans-Helmuth Knütter, Hat der Rechtsradikalismus in der Bundesrepublik eine Chance?, in: Der Bundesminister des Innern (Hrsg.), Sicherheit in der Demokratie. Die Gefährdung des Rechtsstaates durch Extremismus, Köln 1982, S. 113.

37 Dies trifft natürlich nicht auf alle Argumente zu, die in der deutschen und internationalen Forschung gegen das generische Faschismuskonzept vorgebracht wurden. Vgl. dazu: Wolfgang Wippermann, Europäischer Faschismus im Vergleich 1922–1982, Frankfurt/M. 1982; ders., Faschismustheorien, 5. Aufl. S. 93 ff.

38 Dies gilt vor allem für Karl Dietrich Bracher, der sich gerade in den 70er Jahren immer wieder energisch für die Beibehaltung des Totalitarismuskonzepts einsetzte. Vgl. vor allem: Bracher, Zeitgeschichtliche Kontroversen.

39 Deutlich wird dies betont von Nolte, Deutschland und der Kalte Krieg, S. 253, der das Grundgesetz als »lebendige Totalitarismustheorie« kennzeichnet.

40 Ich zitiere aus der Rede, die der CDU-Abgeordnete Adolf Süsterhenn am 8.12.1948 im Hauptausschuß des Parlamentarischen Rates gehalten hat. Vgl.: Parlamentarischer Rat, Verhandlungen des Hauptausschusses, 1948/49, Bonn 1950, S. 255. Zunächst hatte jedoch auf Herrenchiemsee und in Bonn eine primär und fast ausschließlich antifaschistische Grundstimmung vorgeherrscht. Vgl. dazu: Helmut M. Schäfer, Die freiheitlich-demokratische Grundordnung. Eine Einführung in das deutsche Verfassungsrecht, München 1982, S. 88 ff.; Armin Scherb, Präventiver Demokratieschutz als Problem der Verfassungsgebung nach 1945, Frankfurt / M. 1987, S. 190 ff. Dies änderte sich erst unter dem Eindruck der Ereignisse des Jahres 1948. Dies wird übrigens auch von dem konservativen Politikwissenschaftler Konrad Löw zugegeben. Vgl.: Konrad Löw, Die »Weltanschauung des Grundgesetzes« und der Totalitarismus, in: ders. (Hrsg.), Totalitarismus contra Freiheit, München 1988, S. 185–199.

41 Gerhard Leibholz, Das Phänomen des totalen Staates, in: Festschrift für Herbert Kraus, Kitzingen 1954, S. 156–162; abgedruckt in: Seidel / Jenkner (Hrsg.), Wege der Totalita-

rismus-Forschung, S. 123–132. Dieser Aufsatz basierte auf einem Rundfunkvortrag, den Leibholz schon 1946 in London gehalten hatte. Ähnliche Thesen auch in: Gerhard Leibholz, Freiheitliche demokratische Grundordnung und Bonner Grundgesetz, in: ders., Strukturprobleme der modernen Demokratie, Frankfurt/M. 1974, S. 132–141 (zuerst: 1951).

42 Maunz/Düring/Herzog/Scholz, Kommentar zum Grundgesetz der Bundesrepublik Deutschland, München 1974, Art. 18 Rdnr. 48. Vgl. dazu auch die geradezu doktrinär wirkenden Ausführungen in: ebenda, Rdnr. 50: »Blickt man auf die erlebte Vergangenheit und auf die erlebte Gegenwart jenseits ›der Mauer‹ und ›des Todestreifens‹, so wird eigentlich unmittelbar einsichtig, was alles (aber auch nur) zum Begriff der ›freiheitlich demokratischen Grundordnung‹ i. S. des Grundgesetzes gehört.«

43 Karl Loewenstein, Militant Democracy and Fundamental Rights, in: American Political Science Review 31, 1937, zitiert nach: Gregor Paul Boventer, Grenzen politischer Freiheit im demokratischen Staat. Das Konzept der streitbaren Demokratie in einem internationalen Vergleich, Berlin 1985, S. 60.

44 KPD-Urteil des Bundesverfassungsgerichts von 1956, zitiert nach: Konrad Löw, Die »Weltanschauung des Grundgesetzes« und der Totalitarismus, in: ders. (Hrsg.), Totalitarismus, Berlin 1988, S. 185–199, S. 191. Vgl. dazu auch: Erhard Denninger (Hrsg.), Freiheitliche demokratische Grundordnung. Materialien zum Staatsverständnis und zur Verfassungswirklichkeit der Bundesrepublik, erster Teil, Frankfurt/M. 1977, bes. S. 112 ff.

45 Alexander Brünneck, Politische Justiz gegen Kommunisten in der Bundesrepublik Deutschland 1949–1968, Frankfurt/M. 1978. Mit besonders scharfer Kritik vor allem am KPD-Verbot und seinen innen- und außenpolitischen Motiven: Thomas Ordnung, Zur Praxis und Theorie des präventiven Demokratieschutzes. Darlegungen zum Problem der »streitbaren Demokratie« und seinem verfassungsrechtlichen, politischen und historischen Umfeld am Beispiel des Parteiverbots, Phil. Diss. Berlin 1985.

46 Vgl. dazu das Kapitel »Der Kalte Krieg der Bundesrepublik gegen die DDR« bei: Nolte, Deutschland und der Kalte Krieg, S. 396–401.

47 Christoph Kleßmann, Die doppelte Staatsgründung. Deutsche Geschichte 1945–1955, 4. Aufl. Bonn 1986, S. 256.

48 Ebenda, S. 257.

49 Christoph Kleßmann, Zwei Staaten, eine Nation. Deutsche Geschichte 1955–1970, Göttingen 1988, S. 59.

50 Gerhard Stuby, Das Berufsverbot als Waffe gegen die verfassungsrechtlichen Grundlagen der Demokratie, in: Udo Mayer/Gerhard Stuby (Hrsg.), Das lädierte Grundgesetz. Beiträge und Dokumente zur Verfassungsgeschichte 1949–1977, Köln 1977.

51 Beschluß der Kultusministerkonferenz vom 5.7.1962 über »Richtlinien für die Behandlung des Totalitarismus im Unterricht«, zitiert nach: Hans-Helmuth Knütter, Der Totalitarismus in der schulischen und außerschulischen Politischen Bildung, in: Löw (Hrsg.), Totalitarismus, S. 28–43, S. 30.

52 Hans D. Klingemann/Franz D. Pappi, Politischer Radikalismus. Theoretische und methodische Probleme der Radikalismusforschung, München 1972. Als in den Verfassungsschutzberichten nicht mehr von Links- und Rechtsradikalen, sondern von Links- und Rechtsextremisten die Rede war, wurde es um diese »Radikalismus«-Forschung wieder still. Zur Kritik dieser völlig willkürlichen und durch nichts begründeten Ersetzung der Begriffe Radikalismus durch Extremismus durch den Verfassungsschutz (und nicht etwa die Wissenschaft!): Wolfgang Wippermann, Wider die Verwirrung der Begriffe! Was ist Rechtsradikalismus, Rechtsextremismus, Fundamentalismus, Populismus, Faschismus, Neonazismus und Neofaschismus, in: Rechtsextremismus und Neonazismus unter Jugendlichen Ostberlins. Beiträge zur Analyse und Vorschläge zu Gegenmaßnahmen, Berlin 1991, S. 26–45.

53 Siehe u. a: Manfred Funke (Hrsg.), Extremismus im demokratischen Rechtsstaat, Düssel-

dorf 1978; Uwe Backes/Eckhard Jesse, Politischer Extremismus in der Bundesrepublik Deutschland, Bd. 1–3 Bonn 1989.

54 Hans Günther Merk, Was ist heute Extremismus? Die Bedrohung des Staates von links und rechts, in: Funke (Hrsg.), Extremismus im demokratischen Rechtsstaat, S. 127–146, S. 129.

55 Backes/Jesse, Politischer Extremismus, Bd. 1, S. 33.

56 Ebenda, S. 271.

57 Manfred Funke, Extremismus und offene Gesellschaft – Anmerkungen zur Gefährdung und Selbstgefährdung des demokratischen Rechtsstaates, in: ders. (Hrsg.) Extremismus und demokratischer Rechtsstaat, Düsseldorf 1978, S. 15–46, S. 17, 19 und 21.

58 Zu diesem langsamen und von Gegenströmungen begleiteten Wandel: Saul Friedländer, Die Last der Vergangenheit, in: Wolfgang Wippermann, Der konsequente Wahn. Ideologie und Politik Adolf Hitlers, München 1989, S. 214–259.

59 Ernst Nolte, Der Faschismus in seiner Epoche, München 1963: »Der Faschismus ist Anti-Marxismus, der den Gegner durch die Ausbildung einer radikal entgegengesetzten und doch benachbarten Ideologie und die Anwendung von nahezu identischen und doch charakteristisch umgeprägten Methoden zu vernichten trachtet, stets aber im Rahmen nationaler Selbstverwaltung und Autonomie« (S.51). Vgl. zum folgenden auch: Wippermann, Faschismustheorien, 1. Aufl., S. 83 ff.; Richard Evans, Im Schatten Hitlers?, Frankfurt/M. 1981, S. 236 f.; Hans-Ulrich Wehler, Entsorgung der deutschen Vergangenheit?, Minden 1988, S. 13 ff.

60 Eine Ausnahme ist die scharfe Kritik von Peter Gay, Freud, Juden und andere Deutsche. Herren und Opfer in der modernen Kultur, München 1989, S. 14 ff. Gay warf Nolte vor, durch eine »vergleichende Verharmlosung« des Dritten Reiches eine »umfangreiche und kunstvolle Ehrenrettung des modernen Deutschlands« angestrebt zu haben.

61 So schon in: Ernst Nolte, Marxismus und Nationalsozialismus, in: Vierteljahreshefte für Zeitgeschichte 31, 1983, S. 389–417; und: ders., Between Myth and Revisionism? The Third Reich in the Perspective of the 1980s, in: Hannsjoachim W. Koch (Hrsg.), Aspects of the Third Reich, London 1985, S. 17–38.

62 Ernst Nolte, Vergangenheit, die nicht vergehen will. Eine Rede, die geschrieben, aber nicht gehalten werden konnte, in: »Frankfurter Allgemeine Zeitung« vom 6.6.1986; dann in: »Historikerstreit« – Die Dokumentation der Kontroverse um die Einzigartigkeit der nationalsozialistischen Judenvernichtung, München 1987, S. 39–47.

63 Ebenda, S. 45. Dazu den Kommentar von Ernst Nolte, Abschließende Reflexionen über den sogenannten Historikerstreit, in: ders., Lehrstück oder Tragödie? Beiträge zur Interpretation der Geschichte des 20. Jahrhunderts, Köln 1991, S. 225–249.

64 Ernst Nolte, Der europäische Bürgerkrieg 1917–1945. Nationalsozialismus und Bolschewismus, Berlin 1987.

65 Mit besonderer Entschiedenheit von Wehler, Entsorgung der deutschen Vergangenheit?; und von den Autoren in: Dan Diner (Hrsg.), Ist der Nationalsozialismus Geschichte? Zur Historisierung des Historikerstreits, Frankfurt/M. 1987.

66 So ganz dezidiert: Dan Diner, Zwischen Aporie und Apologie. Über Grenzen der Historisierbarkeit des Nationalsozialismus, in: ders. (Hrsg.), Ist der Nationalsozialismus Geschichte?, S. 62–73: »Auschwitz ist ein Niemandsland des Verstehens, ein schwarzer Kasten des Erklärens, ein historiographische Deutungsversuche aufsaugendes, ja außerhistorische Bedeutung annehmendes Vakuum« (S. 73).

67 Hanno Loewy (Hrsg.), Holocaust: Die Grenzen des Verstehens. Eine Debatte über die Besetzung der Geschichte, Reinbek 1992.

68 Zitiert aus dem Vorwort von Israel Gutman zur Enzyklopädie des Holocausts, München 1995, S. XI.

69 Imanuel Geiss, Hysterikerstreit, Bonn 1992, S. 120. Vgl. auch: Hans Maier, Konzepte des Diktaturvergleichs: »Totalitarismus« und »politische Religionen«, in: ders. (Hrsg.), »Totalitarismus« und »Politische Religionen«, S. 232–250.

70 Geiss, Hysterikerstreit, S. 122.

71 Geiss, der kein Experte für die Geschichte des Nationalsozialismus ist, zeigt hier auch sehr geringe Kenntnisse der Kontroverse zwischen den sogenannten »Intentionalisten« und »Strukturalisten«, worauf hier nicht weiter eingegangen werden soll.

72 Geiss, Hysterikerstreit, S. 122 f.

73 Ebenda.

74 Diesen technologischen Aspekt betont Geiss in einem weiteren Aufsatz, in dem er sich mit Massakern ganz allgemein auseinandersetzt, wobei das Besondere des Holocaust völlig aus dem Blick gerät: Imanuel Geiss, Massaker, in: Backes/Jesse/Zitelmann (Hrsg.) Die Schatten der Vergangenheit, S. 116–127.

75 Weißmann, Rückruf in die Geschichte, S. 48.

76 Eckhard Jesse, Überlegungen zur weiteren Totalitarismusforschung, in: Maier (Hrsg.), »Totalitarismus« und »Politische Religionen«, S. 275–284, S. 275 f. Jesse bezieht sich hier auf: Wolfgang Kraushaar, Sich aufs Eis wagen. Plädoyer für eine Auseinandersetzung mit der Totalitarismustheorie, in: Der Mittelweg 36, 1993, S. 6–29. Kraushaar schreibt hier wirklich im Stil und mit dem Eifer eines Neophyten. Vgl. die Kritik von: Karl Heinz Roth, »Sich aufs Eis wagen« – zur Wiederbelebung der Totalitarismustheorie durch das Hamburger Institut für Sozialforschung, in: Frank Deppe u. a. (Hrsg.), Antifaschismus, Heilbronn 1996, S. 403–415.

77 Vgl. die extrem polemische Kampfschrift: Hans-Helmuth Knütter, Die Faschismus-Keule. Das letzte Aufgebot der deutschen Linken, Berlin 1993, S. 158.

78 Ebenda, S. 88. Vgl. auch S. 150: »Im Herbst 1992 aber brachte die Welle ausländerfeindlicher Gewaltaktionen den ›Antifaschisten‹ die wundersame Rettung.«

79 Jürgen Braun, Stiller Sieg eines Begriffes, in: Das Parlament 11./18.11.1994. Diese Sonderausgabe des »Parlaments« enthält auch weitere Artikel zu bisher umstrittenen Thesen, die von teilweise einschlägig ausgewiesenen Personen – darunter Weißmann – verfaßt worden sind und die ihren Sieg im Kampf um die kulturelle Hegemonie verkünden. Mit Wissenschaft und parteipolitischer Neutralität, zu der diese Zeitschrift eigentlich verpflichtet ist, hat dies wahrlich nichts zu tun.

80 Martin Malia, Vollstreckter Wahn. Rußland 1917–1991, Stuttgarter 1994.

81 Ebenda, S. 564 f.

82 Richard C. Raack, Stalin's Drive to the West, 1938–1945. The Origins of the Cold War, Cambridge 1995.

83 Diese »Revisionisten« sind nicht mit denen zu verwechseln, die das Faktum des Holocaust revidieren wollen.

84 Bernhard Marquardt, Der Totalitarismus – ein gescheitertes Herrschaftssystem – Eine Analyse der Sowjetunion und anderer Staaten Ost- Mitteleuropas, 2. Aufl. Bochum 1992, S. 2.

85 Ebenda. Im gleichen Zusammenhang fordert Marquardt eine »neue Ostforschung«, ohne zu bemerken, daß Begriff und Sache der deutschen »Ostforschung« durch den Nationalsozialismus mehr als diskreditiert sind. Vgl. dazu: Michael Burleigh, Germany Turns Eastwards. A Study of Ostforschung in the Third Reich, Cambridge 1988.

86 Vgl. dazu das geradezu denunziatorisch wirkende Buch von: Klaus Schroeder/Jochen Staadt, Der diskrete Charme des Status Quo. DDR-Forschung in der Ära der Entspannungspolitik, Berlin 1992.

87 Uwe Backes/Eckhard Jesse, Totalitarismus und Totalitarismusforschung. Zur Renaissance einer lange tabuisierten Konzeption, in: Jahrbuch für Extremismus und Demokratie 4, 1992, S. 7–27.

88 Wie im Kapitel vier erwähnt, gehören Backes und Jesse zu den Historikern, die versuchen, die Schrecken des Dritten Reiches durch den Hinweis auf seine angeblich »progressiven« Seiten zu relativieren.

89 Eckhard Jesse, War die DDR totalitär?, in: Aus Politik und Zeitgeschichte B 40 /7. Oktober 1994, S. 12–23.

90 Ebenda, S. 20 und 23.

91 Siehe dazu oben S. 13. Dies hat jedoch nicht verhindert, daß in Dresden ein »Hannah-Arendt-Institut für Totalitarismusforschung« ins Leben gerufen wurde, das sich ausdrücklich auf den Vergleich DDR / Drittes Reich konzentrieren soll. Bemerkenswerte Resultate liegen jedoch bisher nicht vor.

92 Jürgen Kocka, Die Geschichte der DDR als Forschungsproblem. Einleitung, in: ders. (Hrsg.), Historische DDR-Forschung. Aufsätze und Studien, Berlin 1993, S. 9–26. Diese Zurückhaltung trug ihm die heftige Kritik von Werner Müller in der oben erwähnten Sondernummer des »Parlaments« ein. Siehe: Das Parlament 11./18.11.1994.

93 Arnold Sywottek, »Stalinismus« und »Totalitarismus« in der DDR-Geschichte, in: Deutsche Studien H. 117/118, 1993, S. 25–38; Ralph Jessen, DDR-Geschichte und Totalitarismustheorie, in: Berliner Debatte Initial 4/5, 1995, S. 17–24.

94 Ludger Kühnhardt u.a. (Hrsg.), Die doppelte deutsche Diktaturerfahrung. Drittes Reich und DDR – ein historisch-politikwissenschaftlicher Vergleich, Frankfurt/M. 1994. Die meisten Autoren dieses Sammelbandes weisen eher auf Unterschiede als auf Gemeinsamkeiten hin. Dennoch wird in der Zusammenfassung Autoren, die in diesem Zusammenhang vor einer »Verharmlosung des Holocaust« warnen, unterstellt, sie würden Argumente verwenden, die »wissenschaftlich unseriös und volkspädagogischer Natur« seien.

95 Vgl. etwa: Ulrike Poppe/Rainer Eckert/Ilko-Sascha Kowalczuk (Hrsg.), Zwischen Selbstbehauptung und Anpassung. Formen des Widerstandes und der Opposition in der DDR, Berlin 1995. Zur Kritik derartiger Vergleiche: Wolfgang Wippermann, Das »Vermächtnis des Widerstandes«: Instrumentalisierung oder Historisierung?, in: Gerhard Ringshausen (Hrsg.), Perspektiven des Widerstandes. Der Widerstand im Dritten Reich und seine didaktische Erschließung, Pfaffenweiler 1994, S. 74–91, bes. S. 90 f.

96 Vgl. die Kampfschrift: Rainer Zitelmann, Wohin treibt unsere Republik, Berlin 1994, S. 157 ff., der hier ganz offen eine »andere Republik« fordert.

97 Friedbert Pflüger, Deutschland driftet. Die Konservative Revolution entdeckt ihre Kinder, Düsseldorf 1994, S. 84 f.

»Tragische Mittellage«? Entschuldung durch Geographie

Schon in den achtziger Jahren haben Historiker wie Michael Stürmer, Hagen Schulze und andere versucht, unter Hinweis auf die sogenannte Mittellage Deutschlands die deutsche Verantwortung für zwei Weltkriege und für Auschwitz zu relativieren.[1] Der Weg in die Katastrophe sei nicht das Werk deutscher Politiker wie Brüning, Papen, Schleicher und Hindenburg sowie Hitler, Himmler, Göring etc. gewesen. Auch die deutschen Industriellen und Eliten träfe keine oder zumindest nicht die alleinige Schuld. Einen deutschen »Sonderweg« habe es schon gar nicht gegeben. Nein, die »Mittellage« Deutschlands sei es gewesen, die sich als »Alptraum und Versuchung« zugleich erwiesen habe. Aus der »Bedrohung der Mittellage« habe es keinen Ausweg gegeben. Die »Mittellage« sei »Teil des deutschen Schicksals« und Deutschlands »Versuchung und Verdammnis«.[2]

Hans-Ulrich Wehler hat diese »Mittellagen-Theologie«[3] in seinem »polemischen Essay zum ›Historikerstreit‹« mit Recht kritisiert und eindringlich darauf aufmerksam gemacht, daß man damit keineswegs alle Phänomene und Probleme erklären könne. »Durch die starren Denkschemata der Geopolitiker« würde »die quicklebendige Geschichte auf eine widernatürliche starre Mechanik reduziert«.[4] Ferner warnte er davor, »sich irgendwie auf die pseudowissenschaftliche Geopolitik der Jahrzehnte bis 1945 zu beziehen«[5] und durch die »Mittellagen-Rhetorik« einen neuen »geopolitisch determinierten deutschen Sonderweg« zu beschreiten, durch den die unverzichtbare »Westbindung der Bundesrepublik« in Frage gestellt werden könnte.[6]

Diese Warnungen wirken heute fast wie Prophezeiungen. Denn all dies ist eingetreten. Es ist zu einer Renaissance der alten Geopolitik und zu einer Radikalisierung des »Mittellagen«-Theorems gekommen, die Wehler vermutlich selber für unmöglich gehalten hat. Den Anfang machte der Bremer Historiker Imanuel Geiss, der in einem

1991 publizierten Aufsatz und in seinem extrem polemischen Buch über den, wie er sich ausdrückte, »Hysterikerstreit« Wehlers Kritik des »Mittellagen-Palavers« scharf zurückwies.[7] Dies war bemerkenswert, denn der Fritz-Fischer-Schüler Geiss galt lange Zeit als linker Historiker. Noch 1972 hatte er einen Aufsatz zu einem Themenheft des damals sehr DKP-nahen »Arguments« über die »Kritik der bürgerlichen Geschichtswissenschaft« beigesteuert, in dem er Friedrich Meinecke als »historisierenden Schamanen seiner Klasse« beschimpft hatte,[8] was bei vielen seiner Kollegen auf empörte Kritik gestoßen war.[9] In seiner 1988 publizierten »Geschichte des Rassismus« wollte er dagegen »Vorformen des Rassismus« im Alten Testament entdeckt haben,[10] bezeichnete Gott als »Beduinen- und Sippengott« und die Juden als »typische semitische Halbnomaden«, denen er »Endogamie, Ethnozentrik und Absonderung von der Umwelt« vorwarf.[11] Schließlich verstieg er sich zu der folgenden Aussage, die man schlicht als antisemitisch bewerten muß: »Die jüdische Lehre vom ›heiligen‹ und ›auserwählten Volk‹, gar noch im ›messianischen Ghetto‹, warf tiefe Gräben zwischen sich und der ›feindlichen‹ Welt auf, der Talmud interpretierte die Geschichte von Noahs Fluch gegen die Schwarzen rassistisch.«[12]

Diese – gelinde gesagt – Entgleisungen Geiss' wurden jedoch von seinen Historiker-Kollegen nicht kritisiert. Erst als Geiss während des Historikerstreits vehement für Nolte Partei ergriff und vor allem Noltes Widersacher Jürgen Habermas »ideologische Sippenhaft« vorwarf,[13] hielt es Wehler dann doch für geboten, Geiss' Eskapaden zu kritisieren, die er mit mildem Spott auf die »Bremer Milieuschäden« zurückführte, die der einstmals linke Geiss als Ordinarius an der als links geltenden Bremer Universität zu erleiden gehabt hätte.[14]

Dies scheint Geiss' geradezu hysterische Reaktion auf Wehler in seinem Buch über den »Hysterikerstreit« zu erklären, aber in keiner Weise zu entschuldigen.[15] Findet man in diesem Buch doch eine ganze Reihe von revisionistischen Argumenten, die keineswegs allein durch die gekränkte Eitelkeit von Geiss zu erklären sind, der sich und sein Werk nicht hinreichend genug gewürdigt sah.

Geiss' Plädoyer für die Geopolitik fällt bemerkenswert schwach aus. Begründet er doch seine These, daß »Geographie und ›Mitte‹ elementare Faktoren der Geschichte« seien, mit dem schon unfreiwillig komisch wirkenden Satz: »Wer die Erde als Grundlage unserer Existenz und ihren Erklärungswert für die Geschichte leugnet, verliert den Boden unter den Füßen, hebt ab wie – Peter Pan.«[16] Dies hat nun wirklich niemand bestritten, auch die von Geiss so verachteten »Bielefelder« nicht. Nicht viel anfangen kann man auch mit seiner Behauptung, daß die »Mittellage der Deutschen in Europa« einen »Gutteil (von) Deutschlands traditionellen Brüchen, Spaltungen, Verwerfungen und Spannungen, generell seine Unfähigkeit, einen festen Platz, z.B. im Westen zu finden« erklären soll.[17] Schließlich gibt Geiss seinen Versuch auf, Geopolitik zu definieren und erklärt mehr oder minder hilflos: »Geographie als elementare Grundlage der Geschichte ist buchstäblich ein so weites Feld, daß es hier nur zu überfliegen ist.«[18]

Derartiges haben inzwischen andere Autoren versucht. Um die geographischen Grundlagen der Geschichte zu bestimmen, haben sie sich jedoch im wesentlichen auf die geopolitischen Spekulationen Friedrich Ratzels, Rudolf Kjelléns, Halford Mackinders und selbst Karl Haushofers berufen,[19] obwohl deren Theorien schon lange von Historikern und Geographen als Ideologien entlarvt worden sind.[20]

Dies gilt einmal für die Ansichten des Geographen Friedrich Ratzel (1844–1904),[21] der – kurz gesagt – die Theorien Darwins auf die Geographie übertragen hat.[22] So entstand die von ihm begründete »Anthropogeographie« oder »Geopolitik«, deren wichtigster Grundsatz die These ist, daß Staaten organische Wesen seien, die nur bestehen könnten, wenn sie den Darwinschen »Kampf ums Dasein« gewinnen, in dem sie sich Raum, »Lebensraum«, verschafften.[23] Der ebenfalls von Ratzel geprägte Begriff des »Lebensraums«[24] ist als der zentrale seiner Lehre anzusehen, die er in zahlreichen Büchern und Aufsätzen in immer neuen Varianten näher ausgeführt und für politische Zwecke instrumentalisiert hat.[25] Mit dem Hinweis auf die Lehren »seiner« Geopolitik hat er sich für den Ausbau der deutschen Flotte, die Gewinnung weiterer deutscher Kolonien und schließlich für die Schaffung eines von Deutschland dominierten »Mitteleuropas« eingesetzt.[26] Man kann ihn daher zu den Ideologen des deutschen Imperialismus vor dem Ersten Weltkrieg rechnen.[27]

Rudolf Kjellén (1864–1922) wurde dagegen zu einem Ideologen der deutschen Kriegszielpolitik während des Ersten Weltkrieges.

Dies war nicht vorhersehbar. Der an der Universität Göteborg lehrende Professor für Staatswissenschaft war nämlich zunächst allenfalls im akademischen Leben seines schwedischen Vaterlandes bekannt gewesen.[28] Dies änderte sich, als er 1914 ein Buch über »Die Großmächte der Gegenwart« (Samtidens Stormakter) herausbrachte, das sofort ins Deutsche übersetzt wurde und große Beachtung fand.[29] Dies kam nicht überraschend. Zeigte Kjellén doch große Bewunderung für die »germanische und evangelische« Kultur in Deutschland, weshalb er sich auch ausgesprochen positiv über die »Ideen von 1914« äußerte, bitter die »Einkreisung Deutschlands« beklagte und schließlich trotzig begründete: »Warum ich es mit Deutschland in diesem Krieg halte?«[30] Doch Kjellén hielt es nicht nur mit Deutschland, er hatte auch großes Verständnis für Deutschlands Kriegsziele. Um mit den Großmächten USA, Rußland und England mithalten zu können, müsse sich Deutschland weiter ausdehnen und, wie dies schon Friedrich Naumann gefordert hatte, ganz »Mitteleuropa« beherrschen.[31] Dazu sei Deutschland schon wegen seiner geographischen »Mittellage« berechtigt.[32]

Kjellén legitimierte den deutschen Expansionsdrang mit dem Hinweis auf einen allgemeinen »kategorischen politischen Imperativ«, wonach eben »lebenskräftige Staaten« sich ausdehnen müßten, um sich am Leben zu erhalten.[33] Wie unschwer zu erkennen ist, hatte er diese biologistische Auffassung vom Staat als einem »überindividuellen Lebewesen«, das sich im »Kampf ums Dasein« behaupten müsse, von Ratzel. Die biologistische Denkungsart kommt bei ihm sogar noch deutlicher zum Vorschein. So, wenn er meinte, daß sich lebensfähige Staaten durch einen »Eroberungstrieb« auszeichneten, und allen Ernstes behauptete, daß ein Staat genau wie ein Lebewesen unweigerlich sterbe, wenn er auf »vitale Teile«, das heißt Territorien, verzichten müsse, die die Funktion von lebenswichtigen Organen wie Herz und Lunge einnehmen würden.[34] Ganz im Sinne Ratzels bezeichnete er schließich »Geopolitik« als »Lehre vom Staat als geographischem Organismus oder als Erscheinung im Raume«.[35]

Während der Schwede Kjellén Deutschlands »Griff nach der Weltmacht« im Ersten Weltkrieg legitimierte, wurde Halford Mackinders (1861–1947) Lehre benutzt, um Hitlers Streben nach »Lebensraum im Osten« erklären und begründen zu können. Dies geschah jedoch gegen die Intention dieses britischen Geographen, der in Oxford sowie an der damals gerade gegründeten renommierten London School of Economics lehrte und schließlich mehrere Jahre Abgeordneter im Unterhaus war.[36] Hatte Mackinder doch immer vor dem deutschen, aber auch dem russischen Imperialismus gewarnt.

Diese Warnungen basierten auf einer geopolitischen Theorie, die er schon 1904 in einem knappen, aber äußerst wichtigen Aufsatz über »The geographical pivot of history« skizziert hatte.[37] Danach stehe die Epoche – Mackinder nennt sie die kolumbianische – der großen Seemächte vor ihrem Ende.[38] Der geopolitische Vorteil der Seemächte sei durch technologische Errungenschaften wie den Ausbau des Eisenbahnwesens ausgeglichen worden. Die Zukunft gehöre jetzt den großen Landmächten. Dies gelte vor allem für die Macht, die über den eurasischen Kontinent gebiete, denn dieses »heart-land« sei der geographische Drehpunkt (»geographical pivot«) der künftigen Geschichte.[39] Dabei dachte Mackinder keineswegs nur an Rußland, das damals fast ganz »Eurasien« besaß, auch Deutschland könne sich die Herrschaft über dieses »heart-land« allein oder im Bündnis mit Rußland sichern.

Beide Gefahren sah Mackinder nach dem Ende des Ersten Weltkriegs als keineswegs gebannt an. Wies er doch in einer zuerst 1919 veröffentlichten Schrift über »Democratic Ideals and Reality« darauf hin, daß beide Bewerber um die Herrschaft über das »heartland« sich wesentlich von den westlichen Demokratien unterscheiden würden.[40] Dies gelte vor allem für Deutschland, das eine spezifische »materialistische Kultur« entwickelt habe, die dem westlichen demokratischen Denken völlig fremd sei.[41] Auch wenn es Deutschland gelingen sollte, die gegenwärtige »Unordnung« (»disorder«) – womit wohl die Novemberrevolution gemeint war – zu überwinden, werde es die »demokratischen Ideale« nicht übernehmen: »The end of the present disorder may only be a new ruthless organization, and ruthless organizers do not stop when they have attained the objects which they at first set before them.«[42] Tatsächlich würden die deutschen »ruthless organizers« erneut die Herrschaft über die Slaven anstreben: »The key to the whole situation in East-Europe (...) is the German claim to dominance over the Slavs.«[43] Deutschland würde dies schon deshalb tun, weil es die geopolitischen Realitäten kenne und ausnütze, »because it recognizes both realities, geographical and economic, and thinks only in terms of them«.[44]

Mackinders Warnungen wirken sehr hellsichtig. Doch er gehörte zu den Propheten, die im eigenen Lande nicht gehört wurden. Seine Theorie geriet in England in Vergessenheit.[45] Erst als sich Deutschland tatsächlich anschickte, die Herrschaft über das »heart-land« anzustreben, erinnerte man sich an ihn. Dabei war es niemand anders als Karl Haushofer, der schon 1925 Mackinder in der »Zeitschrift für Geopolitik« als den »am meisten logische(n) geopolitische(n) Erzieher zu einer Kontinentalpolitik der alten Welt« gefeiert hatte[46] und im gleichen Jahr von der Errichtung eines »osteurasiatischen Zukunftsblocks« geschwärmt hatte.[47]

Karl Haushofer (1869–1946) gilt als bedeutendster Vertreter der deutschen Geopolitik.[48] Dazu hat aber mehr sein bemerkenswerter Lebenslauf als sein wissenschaftliches Lebenswerk beigetragen. Haushofer war aktiver Offizier gewesen, schied jedoch im Jahre 1919 auf eigenen Wunsch im Range eines Generalmajors aus der Armee aus, um – immerhin im Alter von 50 Jahren – mit seiner wissenschaftlichen Karriere zu beginnen. Sie verlief überaus erfolgreich. Nach seiner Habilitation wurde er 1921 Honorarprofessor für Geographie in München. Er schrieb zahlreiche Bücher und Aufsätze und gab seit 1924 die einflußreiche »Zeitschrift für Geopolitik« heraus.

1933 kam Haushofers große Zeit. Schließlich kannte er Hitler und vor allem dessen Stellvertreter Rudolf Heß, der sein Assistent an der Münchener Universität gewesen war, sehr gut. Haushofer wurde zum ordentlichen Professor und zum Präsidenten der Deutschen Akademie ernannt. Doch dieses Amt gab er 1937 wieder auf, um die Leitung der nicht weniger wichtigen »Volksdeutschen Mittelstelle« zu übernehmen. Doch schon ein Jahr später fiel er bei Hitler in Ungnade.[49] Nachdem sich schließlich 1941 sein Gönner Heß nach England abgesetzt hatte, sank Haushofers Stern. Er trat von allen seinen Ämtern zurück. Nach dem 20. Juli 1944 wurde er für kurze Zeit von der Gestapo verhaftet. Anlaß waren die Kontakte seines Sohnes Albrecht Haushofer zum Widerstand, der deshalb im April 1945 ermordet wurde. Nicht genug damit wurde Haushofers Haus mehrmals von der amerikanischen Besatzungsmacht durchsucht und, man kann es nicht anders sagen, geplündert. Nachdem Haushofer dann selber noch der Vorbereitung eines Angriffskrieges verdächtigt und in diesem Zusammenhang mehrmals in Nürnberg verhört worden war, nahm er sich am 13. März 1946 das Leben.

Diese Vorwürfe gegen Haushofer waren unbegründet. Haushofer hat keine Kriegs- und NS-Verbrechen begangen. Er war noch nicht einmal an der Ausarbeitung von verbrecherischen Plänen wie dem »Generalplan Ost« beteiligt. Das von den Amerikanern in Haushofers Haus vermutete »Institut für Geopolitik«, in dem sie so etwas wie einen nationalsozialistischen think-tank vermuteten, hat es überhaupt nicht gegeben.[50] Und dennoch war Haushofer an der Überschätzung seiner politischen und wissenschaftlichen Bedeutung nicht unschuldig. Hatte er es doch mit einem bemerkenswerten Sinn für »Öffentlichkeitsarbeit« verstanden, seine pseudowissenschaftlichen Thesen als politisch äußerst wichtig auszugeben. Dies galt vor allem für seine vielfach wiederholte Behauptung, der Erste Weltkrieg sei deshalb verloren worden, weil Deutschland die Lehren der Geopolitik nicht beachtet habe. Selbstverständlich ist diese »wissenschaftliche Dolchstoßlegende« Unsinn. Gefährlich war seine ständige Forderung nach mehr »Lebensraum«: Deutschland müsse wie jede andere Nation expandieren. Da der Westen zu stark sei, müsse dieser »natürliche« Expansionstrieb nach Osten gelenkt werden.

Diese Drang-nach-Osten-Theorie[51] war alles andere als neu, und Haushofer hat auch niemals ein Hehl daraus gemacht, daß er eigentlich nur die Theorien Ratzels, Kjelléns, Mackinders und anderer Geopolitiker im In- und Ausland rezipiert und popularisiert hat. Doch letzteres tat er mit großem Geschick. Dies gilt vor allem für seine Sprache, wobei er anders als seine Vorläufer auf biologistische Metaphern weitgehend verzichtete und statt dessen so nüchtern und wissenschaftlich klingende Begriffe wie »Volksdruck«, »Volksdruckquotienten« und »Expansionsdruck« verwandte, um seine Forderung nach »Lebensraum im Osten« zu begründen. Hinzu kam Haushofers »didaktische Ader«, die ihn veranlaßte, seine zahlreichen Publikationen mit sehr anschaulichen Karten und Skizzen zu versehen, auf denen dann jeder sehen konnte, daß die gegenwärtigen politischen Grenzen Deutschlands weder mit dem deutschen Sprach-, noch mit dem deutschen Kulturgebiet und schon gar nicht mit den geopolitisch notwendigen Grenzen übereinstimmten, die weit im Osten liegen müßten. Bei dieser Grenzziehung störte jedoch die damalige Tschechoslowakei, die in Haushofers bildhafter Sprache als »böhmisches Kastell«, »böhmische Faust« bzw. als die »geopolitische Drehscheibe des östlichen Mitteleuropas« bezeichnet wurde.[52]

Mit Wissenschaft hatte diese »Geopolitik«, die er wahlweise als »Wissenschaft von der politischen Lebensform im Lebensraum«,[53] »Versuch einer vergleichenden Staatenkunde«,[54] »Lehre von der Erdgebundenheit politischer Entwicklungen« oder auch »Wissenschaft von der Beziehung zwischen Raum und Politik« definierte, »welche, im besonderen, versucht zu zeigen, wie geographisches Wissen in geistiges Rüstzeug für politische Führer umgewandelt werden kann«,[55] wenig zu tun.

Es ist schon mehr als erstaunlich, daß diese Theorien der geopolitischen »Klassiker«, die von der Forschung längst als Ideologien entlarvt worden sind, wieder ausgegraben und rehabilitiert werden. Hinzuweisen ist einmal auf die völlig unkritische Dissertation Frank Ebelings über Haushofer,[56] zum anderen auf die Werke des Pariser Geographen Yves Lacoste, der die geopolitische Pseudowissenschaft zu einem universitären Studiengang gemacht hat, was an der früheren Pädagogischen Hochschule Potsdam offensichtlich nachgeahmt werden soll.[57] Man kann derartiges noch als intellektuelle Mode von ehemaligen Tiers-Mondisten und Anhängern der Neuen Philosophie[58] beziehungsweise als Versuch von etwas orientierungslos gewordenen DDR-Geographen abtun, die auf der Suche nach einem Ersatz-Marxismus-Leninismus sind.[59] Vollends problematisch wird es jedoch, wenn die vergangene Geopolitik wieder einmal zur Rechtfertigung höchst gegenwärtiger politischer und strategischer Zielsetzungen benutzt wird.

In diesem Zusammenhang ist der Militär-Geopolitiker Heinz Brill zu erwähnen, der zunächst durch seine geopolitischen Ratschläge auffiel, wie sich die Führer des südafrikanischen Apartheid-Regimes an der Macht halten könnten, was diese glücklicherweise nicht beherzigt haben, als sie den friedlichen Machtwechsel ermöglichten.[60] In seinem neuen Buch über »Geopolitik heute« gibt Brill einmal eine wahrhaft einleuchtende Erklärung dafür ab, warum die USA auf die Wiedervereinigung gelassener als andere Staaten reagiert hätten – die USA sind »kein unmittelbarer Nachbar Deutschlands«.[61] Während man über diese geopolitischen Weisheiten noch schmunzeln kann, rufen Brills geostrategische Planungen über die künftige Rolle Deutschlands doch gewisse Befürchtungen hervor. Die hier erwähnten Räume sind nämlich dem Historiker durchaus bekannt, der sich mit der Geschichte der beiden Weltkriege beschäftigt hat.

Doch lassen wir das und kommen auf die deutsche Historiographie zurück. Hier ist es inzwischen zu einer breiten Rezeption geopolitischer Gedanken gekommen, vor denen Wehler so sehr gewarnt hatte. Allerdings werden sie jetzt nicht so sehr von den oben erwähnten Teilnehmern des Historikerstreits, sondern von meist jüngeren Historikern verwandt, um die deutsche Geschichte endgültig zu entsorgen und die Gegenwart zu bewältigen. So führt Wolf D. Gruner die Höhen und Tiefen in der deutschen Geschichte auf die geographische Lage Deutschlands zurück, das eben keine natürlichen Grenzen habe, weshalb es sich einmal vom Ural bis zu den Pyrenäen »aufgebläht« habe, um dann wieder auf ein Gebiet zwischen Rhein und Elbe zusammenzuschrumpfen.[62] Durch die geologische und landschaftliche Vielfalt Deutschlands sei auch die oft beklagte »Unselbständigkeit und Passivität der deutschen Menschen« hervorgerufen worden.[63] Doch damit sei es jetzt vorbei. Gerade wegen »seiner Geographie« könne und solle das wiedervereinigte Deutschland die »Rolle der europäischen Friedenssicherung, die ihm über Jahrhunderte zugefallen sei, wieder aufnehmen«.[64]

Der Erlanger Historiker Gregor Schöllgen wird in seinem 1992 veröffentlichten Buch über »Die Macht in der Mitte Europas« noch deutlicher.[65] Deutschland sei wegen seiner »geographischen Lage« und der »Zahl seiner Nachbarn« immer gezwungen gewesen, Bündnisse einzugehen.[66] Dies sei auch in der Gegenwart so, womit die Mitgliedschaft in der NATO gemeint ist. Doch jetzt sei Deutschland wieder eine »Großmacht« und habe die »Potenz für (eine) aktive Großmachtpolitik«. Dies müsse, wie Schöllgen tröstend fortfährt, »keineswegs auf gewaltsamen oder gar kriegerischem Weg erfolgen«.[67] Deutschland könne und müsse jedoch ein seinem »Status angemessenes Verhalten zum und im Bündnis« an den Tag legen, und zwar »solange es dieses mit deutscher Beteiligung gibt«.[68] Schöllgen droht also mit dem Austritt der »Großmacht« Deutschland aus der NATO, wenn dies im deutschen Interesse sein sollte.

Gerade deshalb sollten die Deutschen keine »Angst vor der Macht« haben.[69] Diesen wirklich nicht neuen Gedanken hat Schöllgen in einem weiteren Buch geradezu ausgewalzt. Wortreich beklagt er hier, daß die Deutschen es nach 1945 leider »verlernt« hätten, »in den Kategorien der Macht zu denken«.[70] Doch nun sei ihnen ein weiterer »Urlaub von der Weltgeschichte« nicht mehr gestattet.[71] Schließlich sei Deutschland »ein halbes Jahrhundert nach dem Zweiten Weltkrieg wieder vereinigt, wieder ein Nationalstaat und damit auch wieder auf dem Weg zu einer europäischen Großmacht«.[72] Für Schöllgen ist es »keine Frage«, daß sich die »Bundesrepublik gleichsam über Nacht wieder in der alten Situation der Großmacht Deutsches Reich« befindet.[73]

Die Anhäufung der Vokabel »wieder« macht mißtrauisch. Was meint Schöllgen damit, wenn er sagt, daß das neue Deutschland, das nebenbei gesagt keineswegs »wiedervereinigt« ist, »wieder« Großmacht ist, ja wieder in der »alten Situation der Großmacht Deutsches Reich« ist? Will er »nur« »unseren alten Kaiser Wilhelm wieder haben« – oder denkt er gar im Stillen an den anderen, der auch meinte, »Führer« einer »Großmacht« zu sein? Wie kommt Schöllgen überhaupt dazu, das von einer schweren wirtschaftlichen, politischen und mentalen Krise geradezu geschüttelte Deutschland zur »Großmacht« zu erklären, die sogar die »Rolle einer kontinentalen Großmacht mit weltpolitischem Gewicht« spielt und spielen soll?[74] Wie definiert er »Großmacht«? »Grundsätzlich« müsse man »einem Land dann eine Großmachtrolle zusprechen, wenn es aufgrund seines sozialen, kulturellen, bevölkerungsmäßigen,[75] wirtschaftlichen, politischen und auch geographischen Gewichts die Geschicke des Kontinents oder gar der Hemisphäre, auf dem oder in der es liegt, entscheidend mitbestimmt«.[76]

All dies soll auf das gegenwärtige Deutschland zutreffen. Dies ist nicht nur hybrid, sondern geradezu grotesk, wenn man bedenkt, mit welchen wirtschaftlichen und politischen Schwierigkeiten wir zu kämpfen haben. Es bleibt allein der Hinweis auf das »geographische Gewicht«.

Wir sehen an diesen Beispielen, daß der Hinweis auf die geographische Mittellage Deutschlands keineswegs mehr nur dazu dient, die Verbrechen der Vergangenheit zu entschuldigen, sondern auch gebraucht wird, um die gegenwärtige und künftige »Machtpolitik«

der »Großmacht« Deutschland zu legitimieren. In diesem Zusammenhang beruft man sich im zunehmenden Maße auf ein weiteres geopolitisches Konstrukt. Gemeint ist der Mitteleuropagedanke, der im 19. und beginnenden 20. Jahrhundert von Publizisten wie Julius Fröbel,[77] Friedrich List,[78] Paul de Lagarde,[79] Friedrich Naumann[80] und anderen entwickelt worden war, um die deutsche Hegemonie im ost- bzw. »mitteleuropäischen« Bereich zu legitimieren. Dies ist inzwischen durch die Forschungen von Henry Cord Meyer,[81] Fritz Fischer[82] und anderen deutschen und ausländischen Historikern belegt worden.[83]

In diesem Zusammenhang wurde auch auf gewisse innen- und außenpolitische Kontinuitäten zwischen Kaiserreich und Drittem Reich hingewiesen.[84] Dadurch unterscheide sich die deutsche von der Geschichte der westeuropäischen Staaten. Der Mitteleuropagedanke wurde als ein Faktor und Indikator des sogenannten deutschen Sonderweges angesehen. Diese Argumente riefen jedoch die heftige Kritik verschiedener konservativer Historiker hervor. Doch während man sich noch über Sinn und Nutzen der Sonderwegthese stritt, wurde eine neue Mitteleuropa-Diskussion entfacht, durch die ein neuer deutscher Sonderweg legitimiert werden könnte.

Diese Diskussion begann jedoch nicht in Deutschland, sondern im damaligen Ostblock.[85] 1984 veröffentlichte der aus Mähren stammende Milan Kundera einen Aufsatz über »Der Traum von Mitteleuropa«, in dem er darüber klagte, daß nach 1945 die Grenze zwischen Ost- und Westeuropa »mehrere hundert Kilometer nach dem Westen« verschoben worden sei, wobei verschiedene Völker, die sich wie die Polen, Tschechen, Slowaken und Ungarn immer als »westlich« gefühlt hatten, nun auf einmal im »Osten« lebten und zum »Osten« gerechnet wurden. Tatsächlich seien diese Völker jedoch »Mitteleuropäer«. Der Ungar György Konrád pflichtete Kundera bei. Auch er bekannte sich zu einem »Mitteleuropa«- Begriff, der sich »über die Blockgrenzen hinweg« spannen und sie sprengen sollte. »Mitteleuropa« ist für Konrád im wesentlichen identisch mit dem Gebiet der österreichisch-ungarischen Doppelmonarchie, die er in geradezu nostalgischer Manier verklärte.

Nun mischten sich auch (West-) Deutsche in die neu entfachte »Mitteleuropa«-Diskussion ein. Der Osteuropa-Historiker Karl Schlögel schrieb 1986 einen vielbeachteten Artikel über »Die Mitte liegt im Osten«[86], in dem er seine geradezu schwärmerische Begeisterung für »Mitteleuropa« kundtat: »Mitteleuropa – das Wort ist bereits eine Provokation an der Mauer im Kopf. Aus mitteleuropäischer Sicht wird künstlich, was so natürlich dasteht.« Der »Mitteleuropa«-Gedanke sei eine Art »Hebel«, »mit dem sich etwas gegen die Übermacht der Supermächte zuwege bringen lassen könnte«. »Mitteleuropa«, das damals überhaupt nicht existierte, sondern, wie François Bondy zu Recht bemerkte, ein reines »Phantom« war,[87] wurde sogleich von dem (selbsternannten) Politikstrategen Peter Glotz aufgegriffen, der nicht nur eine »stärkere Konturierung Mitteleuropas im Zusammenhang mit einer weitergeführten Ostpolitik« forderte, sondern gleichzeitig dazu aufrief, in eine »gewisse Distanz zur amerikanischen Führung der Westallianz« zu gehen.[88]

Die Geschichte ist über diese, wie ich finde, merkwürdigen Vorstellungen hinweggegangen. »Mitteleuropa« erwies sich nicht als »Hebel«, um den »Ostblock« zum Einsturz zu bringen,[89] dieser »Ostblock« brach von selbst und unter dem Ansturm der demokratischen Bewegungen in Polen, Ungarn, der Tschechoslowakei und nicht zuletzt auch der DDR zusammen, nachdem Gorbatschow mit seiner Reformpolitik begonnen und verkündet hatte, daß die sogenannte Breschnew-Doktrin, die das sowjetische Interventionsrecht vorgesehen hatte, nicht mehr gelte.

Nach dieser epochalen Revolution in Ost- und Mitteleuropa ist die »Mitteleuropa«-Diskussion weitergegangen. Dabei sind jedoch verschiedene Konzepte von einander zu unterscheiden.[90] Einige, wie ich sie nennen möchte, Nostalgiker, feiern nach wie vor die völlig untergegangene K. u. K.-Monarchie. Andere erinnern mit Wehmut an die von den Deutschen zerstörte Welt des jüdischen »Schtetl« in Ostmitteleuropa. Verschiedene Intellektuelle aus Polen, Tschechien, Ungarn und Österreich setzten sich für eine enge Zusammenarbeit dieser »mittel«- oder »zentraleuropäischen« Staaten unter Ausschluß und in gewisser Opposition zu Deutschland ein.[91] In Deutschland dagegen wird auf das »Mitteleuropa«-Konzept Friedrich Naumanns verwiesen. Dabei verkünden einige, und zwar keineswegs nur gewisse rechtsradikale Wirrköpfe,[92] die Vision einer deutschen Hegemonie in »Mittel«- bzw. in ganz »Osteuropa«.

Zu ihnen gehört der Verleger Wolf Jobst Siedler, der 1991 in einem Gespräch mit Arnulf Baring folgendes verkündete: »Wenn die Schwierigkeiten der Vereinigung überwunden sein werden – in fünf, zehn oder fünfundzwanzig Jahren – wird Deutschland gar nicht herum kommen, Osteuropa ökonomisch zu durchdringen, und wahrscheinlich wird ihm auf diesem Wege zufallen, was das Dritte Reich mit ein paar hundert Divisionen nicht erreichte – die Vorherrschaft in jenen unabsehbaren Räumen zwischen Weichsel, Bug, Dnjepr und Don.«[93]

Dies erinnert auf den ersten Blick an gewisse Reden an gewissen west- und ostdeutschen Stammtischen. Doch vielleicht steckt mehr dahinter. Wie anders ist es nämlich zu deuten, wenn eben dieser Wolf Jobst Siedler jetzt eine zehn Prachtbände umfassende Reihe herausgibt, die den merkwürdig mißverständlichen Titel »Deutsche Geschichte im Osten Europas« führt?[94] Gibt es keine osteuropäische Geschichte? Warum soll die Geschichte Ost- und Mitteleuropas ein Teil der »Deutschen Geschichte« sein?

Auf diese Fragen findet man in der 30seitigen Verlagsankündigung[95] folgende irritierende Antwort: »Der Titel ›Deutsche Geschichte im Osten Europas‹ macht zweierlei deutlich: daß sich in jenem historischem Raum *deutsche* Geschichte abgespielt hat, ohne daß Ostmitteleuropa uneingeschränkt in die deutsche Geschichte einbezogen werden könnte.«[96] Hier wird das auf Fichte, Arndt und Jahn zurückgehende Verständnis der deutschen Nation als einer völkischen Abstammungsgemeinschaft deutlich, der eben nicht nur die deutschen Staatsbürger angehören, die in Deutschland leben, sondern zu der auch »deutsche Blutsbrüder« gerechnet werden, die Bürger anderer Staaten sind.[97] Doch dabei bleibt es nicht. Heißt es doch im Anschluß an den eben zitierten Satz:

»Diese Welt (Ostmitteleuropa, W.W.) kann in ihren Ursprüngen und in ihrer weiteren Geschichte gewiß nicht allein als ›deutsch‹ verstanden werden, aber sie ist in ihrer historischen Eigenart ohne die Deutschen nicht zu begreifen. Die Deutschen sind Träger und Vermittler einer europäischen Kulturbewegung gewesen, durch die Ostmitteleuropa seit dem Mittelalter entscheidend geprägt wurde, in weiten Gebieten, von Westen nach Osten abnehmend, sogar deutsches Land war.«[98]

Zum Beweis dieser anmaßenden Behauptungen[99] wird auf der vierten Umschlagsseite eine Karte über die »Völker und Sprachen vor dem 1. Weltkrieg« abgedruckt, die von dem »Ostforscher«, SD-

Mitarbeiter und SS-Hauptsturmführer Wilfried Krallert[100] in den dreißiger Jahren entworfen worden ist. Sie zeigt, daß sich das geschlossene deutsche Sprach- und Siedlungsgebiet bis fast bis Krakau erstreckt. Weitere deutsche Siedlungsgebiete gibt es (auf dieser Karte!) in Polen, den baltischen Staaten, Rußland, Rumänien, Ungarn und Jugoslawien. Deutschland ist auf der Karte rot gezeichnet. Auf einer vereinfachten, zugleich aber in keiner Weise erklärten Karte auf der ersten Umschlagseite ist das deutsche Siedlungsgebiet schwarz, und schwarze Flecken gibt es bis Reval, Kiew und Odessa, also in jenen »unabsehbaren Räumen zwischen Weichsel, Bug, Djnper und Don«.

Hier taucht sie wieder auf, die von der Forschung schon lange widerlegte »Volks«- und »Kulturbodentheorie«. Nach dieser Theorie ist der Raum, der von einigen »Mitteleuropa«, von anderen »Ostmitteleuropa«[101] oder »Zentraleuropa«[102] genannt wird, ein Gebiet, das so nachhaltig durch die »deutsche Ostkolonisation« geprägt worden ist, daß es diesen Charakter auch nach der Vertreibung der Deutschen aus dem Osten behalten hat. Dieser »Boden« bleibt »irgendwie« auch dann »deutsch«, wenn ihn die Deutschen verlassen haben.

Hier wird mit dem Mythos von der »deutschen Ostkolonisation« der Mythos von einem Mitteleuropa (bzw. Ostmitteleuropa) konstruiert, das erst durch die »deutsche Ostkolonisation« zu einem spezifischen historischem Raum geworden sei.[103] Diese von der deutschen »Ostforschung« entwickelte These ist 1975 von Walter Schlesinger als völlig unhistorisch zurückgewiesen worden.[104] Man kann sich darüber streiten, ob »Mitteleuropa« nicht generell ein Mythos ist, die Identifizierung dieses Mitteleuropas mit dem »deutschen Osten«[105] ist auf jeden Fall einer.

Doch damit nicht genug. Einige Publizisten wollen nicht nur den »deutschen Osten« und weitere Gebiete im Osten zurückhaben, sie wollen weit mehr. Zu ihnen gehört der neurechte Ideologe Karlheinz Weißmann, der 1992 ein Buch mit dem schon zum Schlagwort gewordenen Titel »Rückruf in die Geschichte« publiziert hat.[106] Nach einer scharfen Attacke gegen die konservativen »Potsdamdeutschen«, die demokratischen »Weimardeutschen« und die besonders verachteten bundesrepublikanischen »Westler«, die sich für eine »Anlehnung an die USA« und die Orientierung an der westlichen Demokratie eingesetzt hätten,[107] entwirft Weißmann das Programm einer neuen deutschen Innen- und vor allem Außenpolitik.

Auszugehen sei von der »Geopolitik«, die zwar »keine exakte Wissenschaft«, aber eine »sinnvolle Perspektive« sei, »um zu verdeutlichen, daß neben kulturellen, weltanschaulichen, ökonomischen und ethnographischen Faktoren vor allem die Lage des Staates im Raum außerordentliche Bedeutung für den Verlauf historischer Prozesse« habe.[108] Berücksichtigen müsse man ferner die »Ostverschiebung« des wiedervereinigten Deutschlands, was sowohl außen- wie innenpolitische Auswirkungen habe, denn schließlich habe es in Europa immer »eine Spaltung zwischen dem römischen und dem nichtrömischen Teil unseres Kontinents« gegeben.[109] Damit sei die »preußische«, das heißt antidemokratische und antieuropäische »Dimension« in der deutschen Politik verstärkt worden.[110]

Dem neuen Deutschland seien »in seiner geographischen Lage (...) ganz spezifische Aufgaben« zugewachsen.[111] Dazu gehöre einmal, alle »ökonomischen und politischen Energien auf den Osten, den Aufbau der slawischen Staaten« zu konzentrieren, die offensichtlich so etwas wie der Hinterhof Deutschlands werden sollen.[112] Doch Weißmann begnügt sich nicht mit der Vision eines deutschen informal empire in Osteuropa. Sein Streben geht nach mehr. Unter Hinweis auf die geopolitische Theorie Mackinders vom »Herzland Eurasien« fordert er die Russen auf, zusammen und ganz offensichtlich unter Anleitung und Führung Deutschlands, ganz »Eurasien zu erschließen«.[113]

Doch dieser propagierte Versuch Deutschlands, wenn schon nicht zum »Herren der Welt« so doch zum Beherrscher von ganz »Eurasien« zu werden, steht im Schatten des Versuches Adolf Hitlers, »Lebensraum im Osten« »auf der Straße der einstigen Ordensritter« und »auf Kosten Rußlands« zu gewinnen.[114] Daher, weil die Vergangenheit bei der Bewältigung der Gegenwart und Zukunft so stört, wendet sich Weißmann mit einem geradezu fanatischen Eifer gegen die »NS-Vergangenheitsbewältigung«: »Die NS-Vergangenheitsbewältigung war für den westdeutschen Staat ein Teil seiner Identität geworden. Sie band in einem erheblichen Umfange geistige Energien und diente gleichzeitig als Waffe im politischen Tageskampf. Mit dem drohenden Hinweis, daß immer noch nicht ausreichend ›bewältigt‹ wurde, hat man das Kollektiv schließlich in einen Zustand gebracht, der bei einem einzelnen Straftäter niemals geduldet würde: permanenter Verdacht trotz erwiesenen Wohlverhaltens, Fortschreibung der Buße ad infinitum, Absage an das Prinzip der Resozialisierung überhaupt.«[115]

Neben der »Vergangenheitsbewältigung« stört jedoch noch die »Westbindung« Deutschlands. Sie wird in einem weiteren Sammelband des Ullstein-Verlages, der von Rainer Zitelmann, Karlheinz Weißmann und Michael Großheim herausgegeben wurde, in bemerkenswerter Deutlichkeit in Frage gestellt.[116] Das Buch macht einen sehr heterogenen Eindruck. Dies gilt nicht so sehr für die Mitarbeiter, von denen jeder wissen mußte, wer Weißmann und Zitelmann sind und was sie wollen.[117] Einen sehr unterschiedlichen Charakter haben die Themen. Man findet hier neben einigen ziemlich belanglosen historischen Detailstudien einen Beitrag des Mitherausgebers Michael Großheim über die skurrile Frage, ob die »westdeutsche Psychologie« eine »exakte Wissenschaft« oder eine »amerikanistische Mode« sei,[118] sowie eine Philippika des sehr weit rechts stehenden Bonner Politologen Hans-Helmuth Knütter gegen die »Deutschfeindlichkeit im westlichen Ausland«[119] und einen schon unfreiwillig komischen Aufsatz von Erwin K. und Ute Scheuch über »Konstanten und Veränderungen im ›Nationalcharakter‹ der Deutschen«, die zu der bemerkenswerten Feststellung gelangen, daß »der Nationalsozialismus keine tiefen Spuren in der Einstellung der meisten Menschen hinterlassen« habe.[120] Wenn sie mit den »meisten Menschen« die meisten Deutschen meinen, so haben sie damit in der Tat den »Nagel auf den Kopf« getroffen.

Zur eigentlichen Frage führen die Aufsätze des uns schon bekannten »Geo-Metaphysikers« Karl Schlögel über »Deutschland: Land der Mitte, Land ohne Mitte«[121] und des ebenfalls bereits erwähnten Geo-Strategen Heinz Brill, der erneut über »Deutschland im geostrategischen Kraftfeld der Super- und Großmächte« schwadroniert, wobei er sich ganz nebenbei für einen schrittweisen Austritt aus der NATO ausspricht.[122] Dafür plädiert auch Karl Feldmeyer,[123] während Ludwig Watzal gegen den Vertrag von Maastricht polemisiert, den er als »Irrweg« bezeichnet.[124]

Die geopolitisch begründete Entfernung vom westlichen Bündnis wird von Attacken gegen die »westlichen« Ideale der Demokratie eingerahmt. Diesem Zweck dient die Kritik des klassischen englischen Liberalismus durch Hans Christoph Kraus[125] und die bemerkenswert deutliche Verurteilung aller Bemühungen, die Ideale der »westlichen« Demokratie in der (alten) Bundesrepublik zu verankern, durch Eberhard Straub, der im »Westen« (worunter die Autoren dieses Sammelbandes wahlweise auch die Demokratie verstehen) eine »Art Religionsersatz« sehen möchte, der den Deutschen gewissermaßen aufoktroyiert worden sei, damit sie nicht wieder »gefährliche Irrwege« beschreiten.[126]

Mit einem neuen »gefährlichen Irrweg« im außen- und innenpolitischen Bereich drohen die Herausgeber Großheim, Weißmann und Zitelmann in ihrer programmatischen Einleitung.[127] Dabei attackieren sie zunächst das Plädoyer von Jürgen Habermas für eine »kulturelle Verwestlichung« der Deutschen. Sie führe nämlich zu einer »totalitären Durchdringung der gesamten Gesellschaft«.[128] Wenn hier die Ideale der Demokratie als »totalitär« denunziert werden, so erinnert dies an die Argumente der deutschen Konservativen des 19. Jahrhunderts und der Anhänger der Konservativen Revolution der Zwischenkriegszeit, wonach die Demokratie den Deutschen wesensfremd sei und sein müsse.[129] Schließlich würden demokratische Ideale von antinational eingestellten »vaterlandslosen Gesellen« vertreten. Die Herausgeber scheuen sich nicht, selbst dieses Stereotyp zu benutzen, wenn sie scheinbar beiläufig darauf hinweisen, daß Habermas »einer der entschiedensten Gegner der Wiedervereinigung« gewesen sei.[130] Zitelmann, Weißmann und Großheim plädieren dagegen ganz offen für eine neue deutsche »Außenpolitik«, die den »nationalen Interessen« entspreche und die »geopolitischen Gegebenheiten« beachte.[131]

Was hier nur angedeutet wird, spricht Karl-Eckhard Hahn in einem Aufsatz über »Westbindung und Interessenlage« deutlich aus, der in dem zum Kultbuch der Neuen Rechten gewordenen Sammelband über »Die selbstbewußte Nation« erschienen ist.[132] Nachdem Hahn befriedigt festgestellt hat, daß die »Erfahrungen der Großväter und Urgroßväter (...) heute plötzlich wieder auf ganz andere Weise aktuell« geworden seien,[133] würdigt und rehabilitiert er die geopolitischen Theorien Mahans, Ratzels, Kjelléns und vor allem Haushofers.[134] Da nun endlich mit der bundesrepublikanischen »Machtvergessenheit«[135] Schluß sei und es zu einer allgemeinen »Renaissance der Geopolitik« gekommen sei, könne man sich wieder getrost an Carl Schmitts »Raumbild«[136] orientieren und für Deutschland, das »als (noch) volkreichster und wirtschaftlich mächtigster Staat in der Mitte Europas« liege,[137] einen seiner Bedeutung entsprechenden Platz in der Weltpolitik fordern. Die von dem früheren amerikanischen Präsidenten Bush angebotene »partnership in leadership« sei nicht ausreichend.[138] »Klassische Aufgabe der Geopolitik« sei es nämlich, »unterschiedliche Räume mit divergierenden Interessen zu einem funktionierenden Ganzen zusammenzufassen«.[139]

Damit meint Hahn die EU, die unter deutscher Führung erweitert werden soll. Es käme jedoch auch noch ein »Sicherheitsarrangement der Ostseeanrainer mit Deutschland und Rußland als wesentlichen Partnern« und die »Idee eines österreichisch-deutsch geprägten Bündnisses der Donaustaaten« in Frage.[140] Damit ist Hahn bei der »Mitteleuropa«-Idee Friedrich Naumanns angelangt, vergißt aber seinen geistigen Mentor und die Tatsache zu nennen, daß dieses Buch 1915 veröffentlicht wurde, das heißt zu einem Zeitpunkt, als der Erste Weltkrieg noch nicht verloren und an den Zweiten Weltkrieg noch nicht zu denken war.

An diesen geopolitischen Phantasien über eine künftige imperialistische Politik des wiedervereinigten Deutschlands erschreckt nicht nur die Blindheit für die realpolitische Begrenztheit der Machtmöglichkeiten der deutschen Mittelmacht, sondern auch wie sehr die Erinnerung an die deutsche Großmachtpolitik und ihre Folgen verblaßt ist. Diese Vergangenheit scheint durch den Hinweis auf die geographische »Mittellage« Deutschlands völlig entschuldet zu sein. Gleichzeitig wird mit dem gleichen »Mittellagen-Argument« auch die »Westbindung« Deutschlands in Frage gestellt[141] und die alt-neue Hegemonie in Osteuropa eingefordert. Aus diesen antidemokratischen und imperialistischen Träumen wurden diese neurechten Ideologen und Professoren jäh durch Goldhagens Buch herausgerissen, in dem in klarer und zuweilen sogar brutaler Sprache die Verbrechen geschildert werden, die Deutsche in jenen »unabsehbaren Räumen im Osten« begangen haben.

Anmerkungen

1 Michael Stürmer, Das Ruhelose Reich 1866–1918, Berlin 1983; ders., Das industrielle Deutschland (1866 bis Gegenwart), in: Hartmut Boockmann u. a., Mitten in Europa. Deutsche Geschichte, Berlin 1984, S. 296–409; ders., Dissonanzen des Fortschritts, München 1986; Hagen Schulze, Weimar. Deutschland 1917–1933, Berlin 1982; ders., Die Geburt der deutschen Nation 1740–1866, in: Hartmut Boockmann u. a., Mitten in Europa. Deutsche Geschichte, Berlin 1984.

2 Ich erspare mir den Nachweis der Zitate aus den Werken der genannten Historiker und verweise auf die glänzende Kritik von Wehler, Entsorgung der deutschen Vergangenheit?, S. 174 ff.

3 Ebenda, S. 176.

4 Ebenda, S. 184.

5 Ebenda, S. 176.

6 Ebenda, S. 188.

7 Imanuel Geiss, Geographie und Mitte als historische Kategorien. Anmerkungen zu einem Aspekt des »Historikerstreits«, in: Zeitschrift für Geschichtswissenschaft 37, 1991, S. 979–994; ders., Der Hysterikerstreit. Ein unpolemischer Essay, Bonn 1992, bes. S. 155 ff.

8 Imanuel Geiss, Kritischer Rückblick auf Friedrich Meinecke, in: Kritik der bürgerlichen Geschichtswissenschaft I (= Das Argument Nr. 70), Berlin 1972, S. 22–36; auch in: Imanuel Geiss, Studien über Geschichte und Geschichtswissenschaft, Frankfurt / M. 1972, S. 89–107, S. 91.

9 So auch bei mir: Wolfgang Wippermann, Friedrich Meineckes »Die deutsche Katastrophe« – Ein Versuch zur deutschen Vergangenheitsbewältigung, in: Michael Erbe (Hrsg.), Friedrich Meinecke heute, Berlin 1981, S. 101–121, bes. S. 114.

10 Imanuel Geiss, Geschichte des Rassismus, Frankfurt / M. 1988, S. 48 ff. u. 60 ff. Zur Kritik der Existenz von »Vorformen des Rassismus«: Wolfgang Wippermann, Was ist Rassismus? Ideologien, Theorien, Forschungen, in: Barbara Danckwortt u. a. (Hrsg.), Historische Rassismusforschung, Berlin 1995, S. 9–33, bes. S. 27 ff.

11 Geiss, Geschichte des Rassismus, S. 62 und 68. Geiss nennt dies eine »sozialgeschichtliche Interpretation altjüdischer Überlieferungen«.

12 Ebenda, S. 203.

13 Imanuel Geiss, Zum Historikerstreit, in: Evangelische Kommentare Februar 1987, S. 101–103.

14 Wehler, Entsorgung der deutschen Vergangenheit?, S. 234.

15 So wirft Geiss Wehler die Herkunft aus Gummersbach vor, wo nach Geiss (S. 146 f.) ein »besonders ausgeprägtes elitär-missionarisches Lokalbewußtsein« vorherrschend sei. Von dort kämen die »sprichwörtlich ›Stillen im Lande‹«. Geiss vergißt die gute Handballmannschaft.

16 Geiss, Hysterikerstreit, S. 155.

17 Ebenda, S. 156.

18 Ebenda, S. 155.

19 Was von Schulze, Stürmer und anderen während des Historikerstreits ausdrücklich vermieden wurde. Vgl.: Wehler, Entsorgung der deutschen Vergangenheit?, S. 176.

20 Unter anderem von: Hans-Adolf Jacobsen, Karl Haushofer. Leben und Werk, Bd. 1 Boppard 1979; Karl-Georg Faber, Zur Vorgeschichte der Geopolitik. Staat, Nation und Lebensraum im Denken deutscher Geographen vor 1914, in: Weltpolitik und Europagedanke und Regionalismus. Festschrift für Heinz Gollwitzer, Münster 1982, S. 389–406; Klaus Kost, Die Einflüsse der Geopolitik auf Forschung und Theorie der Politischen Geographie von ihren Anfängen bis 1945, Bonn 1988; Mechthild Rössler, »Wissenschaft und Lebensraum«. Geographische Ostforschung im Nationalsozialismus, Berlin 1990.

21 Zu Ratzels Leben die sehr unkritische Biographie von: Günther Buttmann, Friedrich Ratzel. Leben und Werk eines deutschen Geographen, Stuttgart 1977.

22 Zur Beeinflussung Ratzels durch Darwin und den Sozialdarwinisten Ernst Haeckel: Johannes Steinmetzler, Die Anthropogeographie Friedrich Ratzels und ihre ideengeschichtlichen Wurzeln, Bonn 1956.

23 Die wichtigsten Schriften sind: Friedrich Ratzel, Anthropo-Geographie I. Teil, Stuttgart 1882; ders., Politische Geographie, Leipzig 1897; mit zahlreichen Auflagen; die meines Wissens letzte erschien 1977.

24 Zuerst: Friedrich Ratzel, Über den Lebensraum, in: Die Umschau 1, 1897, S. 363–367; dann: ders., Der Lebensraum. Eine biogeographische Skizze, in: Festgabe für Albert Schäffle zur siebzigsten Wiederkehr seines Geburtstages am 24. Februar 1901, Tübingen 1901.

25 Vgl. dazu die ideologiekritisch ausgerichtete Studie von: Ulrich Eisel, Die Entwicklung der Anthropogeographie von der »Raumwissenschaft« zur Gesellschaftswissenschaft, Kassel 1980.

26 Eine Auswahl dieser im wörtlichen Sinne geopolitischen Aufsätze befinden sich in: Friedrich Ratzel, Kleine Schriften, Bd. 1, München 1906.

27 Allgemein zur Bedeutung der Geopolitik in der imperialistischen Ideologie: Heinz Gollwitzer, Geschichte des weltpolitischen Denkens, Bd. 2 Göttingen 1982, S. 58 ff.

28 Eine Biographie fehlt, so weit ich sehe. Vgl. den Nachruf von Alfons Dopsch, Nachruf auf Rudolf Kjellén, in: Wiener Akademie der Wissenschaften. Almanach für das Jahr 1923, S. 211–216.

29 Rudolf Kjellén, Die Großmächte der Gegenwart, Berlin 1914. Das Buch wurde 1935 von Karl Haushofer neu herausgegeben. Ich habe diese Ausgabe benutzt.

30 Rudolf Kjellén, Warum ich es mit Deutschland in diesem Krieg halte?, Berlin 1917.

31 Rudolf Kjellén, Der Staat als Lebensform, Berlin 4. Aufl. 1924 (zuerst: 1917), S. 75. Kjellén zitiert hier zustimmend: Friedrich Naumann, Mitteleuropa, Berlin 1915.

32 Kjellén, Die Großmächte, S. 7 f. Ich konnte nicht überprüfen, ob der heute wieder aktuell gewordene Begriff der »Mittellage« schon in der ersten schwedischen Ausgabe von 1914 auftaucht.

33 Kjellén, Der Staat, S. 75.

34 Ebenda, S. 57 ff. Allerdings hielt Kjellén auch die »Wiederauferstehung« eines Staates (S. 18) für möglich.

35 Ebenda, S. 45 f.

36 Zu Mackinder, der übrigens bei Wehler, Entsorgung der deutschen Vergangenheit?, S. 174 ff. ständig fälschlich »McKinder« genannt wird, liegen zwei sehr informative Biographien vor: William Henry Parker, Mackinder: Geography as an aid to statecraft, Oxford 1982; Brian Blouet, Halford John Mackinder: A Biography, Austin 1987.

37 Halford John Mackinder, The Geographical Pivot of History, in: The Geographical Journal 23, 1904, S. 421–444. Zum folgenden: Parker, Mackinder, S. 147 ff.

38 Mackinder wendet sich hier gegen die damals sehr einflußreiche These des amerikanischen Admirals Alfred Mahan, die dieser 1890 in seinem Buch »The Influence of Seapower in History 1660–1783« niedergelegt hatte.

39 Die geopolitisch bedingte Überschätzung der ökonomischen und politischen Bedeutung dieses Eurasiens war vor und noch nach dem Ersten Weltkrieg weit verbreitet. In Rußland gab es eine Gruppe von sowohl antiwestlich wie antibolschewistisch eingestellten Intellektuellen, die sich »Eurasier« nannten.

40 Dies Buch wurde nicht zufällig 1942 neu aufgelegt: Halford John Mackinder, Democratic Ideals and Reality. A Study in the Politics of Reconstruction, New York 1942.

41 Ebenda, S. 18. Mackinder macht hier vor allem die preußischen Traditionen und Bismarck verantwortlich, der die Ideale des deutschen Nationalismus mit seiner »Prussian efficiency« pervertiert habe. (S. 5 f.)

42 Ebenda, S. 144.
43 Ebenda, S. 155.
44 Ebenda, S. 126.
45 So übereinstimmend: Parker, Mackinder, S. 158 und Blouet, Halford John Mackinder, S. 172.
46 Karl Haushofer, Literaturbericht aus der indo-pazifischen Welt, in: Zeitschrift für Geopolitik, N. 6, 1925, S. 454 f.
47 Karl Haushofer, Der osteurasiatische Zukunftsblock, in: Zeitschrift für Geopolitik, Nr. 2, 1925, S. 87.
48 So hat er sich in seiner im November 1945 verfaßten, »Apologie der deutschen ›Geopolitik‹« genannten, Verteidigungsschrift selber bezeichnet. Abgedruckt bei Jacobsen, Haushofer, Bd. I, S. 639–646. Vgl. zum folgenden die voluminöse Biographie von Jacobsen.
49 Nach eigenen Aussagen soll Haushofer am 8.11.1938 Hitler geraten haben, sich mit »dem in München Erreichten« zufrieden zu geben. Vgl.: Haushofer, Apologie der deutschen »Geopolitik«, in: Jacobsen, Haushofer, Bd. I, S. 645.
50 Dazu Haushofers Darstellung in: ders, Apologie der deutschen »Geopolitik«, in: ebenda, S. 640.
51 Dazu: Wolfgang Wippermann, Der »deutsche Drang nach Osten«. Ideologie und Wirklichkeit eines politischen Schlagwortes, Darmstadt 1981.
52 Vgl. die Karten Nr. 34 »Das Dritte Reich«, Nr. 49 »Das böhmische Kastell« und Nr. 48 »Böhmen, die geopolitische Drehscheibe des östlichen Mitteleuropa« in diesem Buch.
53 Haushofer, Politische Erdkunde, in: Jacobsen, Haushofer, Bd. I, S. 511.
54 Ebenda, S. 483.
55 Haushofer zitiert nach: Andreas Dorpalen, The World of General Haushofer. Geopolitics in Action, New York 1942, S. 23 f.
56 Frank Ebeling, Geopolitik. Karl Haushofer und seine Raumwissenschaft, Berlin 1994. Dazu und zum folgenden die Kritik in dem brillanten Artikel von: Rudolf Walther, Man braucht mehr Platz, in: »Die Zeit« vom 21. Juli 1995, S. 28.
57 Yves Lacoste, Geographie und politisches Handeln. Perspektiven einer neuen Geopolitik, Berlin 1990. Eine völlig unkritische Adaption der Ideen Lacostes findet in der Potsdamer Zeitschrift »WeltTrends« statt. Vgl.: Gerhard Sandner, Deterministische Wurzeln und funktionaler Einsatz des »Geo« in der Geopolitik, in: WeltTrends 4, 1994, S. 8–20.
58 Vgl. dazu Walther, Man braucht mehr Platz, der in diesem Zusammenhang auch auf ähnliche Vorgänge in Italien hinweist, wo ehemalige Kommunisten in Zeitschriften wie »Limes« und »Geopolitica« schon einmal die Rückholung aller emigrierten Italiener fordern, um für das so auf 100 Millionen vermehrte italienische Volk eine Grenze zu fordern, die irgendwo in den Karpaten liegt.
59 Vgl. dazu wiederum die ironischen Bemerkungen Walthers, Man braucht mehr Platz, denen ich mich nach Durchsicht der Zeitschrift »WeltTrends« nur anschließen kann. Noch grotesker ist die Diskussion in der Zeitschrift »Berliner Debatte Initial«. Wird hier doch allen Ernstes versucht, die Geopolitik mit dem Marxismus zu verbinden. Vgl. das Heft 3/1995 mit den törichten Beiträgen von Peter Scherer und Rainer Sprengel.
60 Heinz Brill, Die Republik Südafrika im Spannungsfeld interner, regionaler und globaler Konflikte, Baden-Baden 1991.
61 Heinz Brill, Geopolitik heute, Berlin 1995. Dieses Buch erschien nicht zufällig im Ullstein-Verlag.
62 Wolf D. Gruner, Deutschland mitten in Europa, Hamburg 1992, S. 309.
63 Wolf D. Gruner, Die deutsche Frage in Europa, München 1993, S. 61 f.
64 Gruner, Deutschland mitten in Europa, S. 444 f.
65 Gregor Schöllgen, Die Macht in der Mitte Europas, München 1992.
66 Ebenda, S. 48.
67 Ebenda, S. 177.

68 Ebenda, S. 185 f.

69 Gregor Schöllgen, Angst vor der Macht. Die Deutschen und ihre Außenpolitik, Berlin 1993. Dieses Buch erschien auch bei Ullstein, und zwar in der von Rainer Zitelmann inaugurierten und betreuten Reihe.

70 Ebenda, S. 123.

71 Ebenda, S. 136. Die Urlaubs-Metapher hat Schöllgen von dem »Zeit«-Journalisten Theo Sommer übernommen.

72 Ebenda, S. 24.

73 Ebenda, S. 40 f.

74 Ebenda, S. 25. Dazu eine persönliche Anmerkung. Im Juli 1996 habe ich mit Schöllgen darüber in einer öffentlichen Veranstaltung in Erlangen diskutiert. Meine Anmerkungen, daß das heutige Deutschland allenfalls eine Mittelmacht ist und angesichts der Vergangenheit auch bleiben muß, schien ihn ebenso wenig zu überzeugen, wie meine ängstliche Frage, was denn die von ihm so häufig benutzte Vokabel »wieder« bedeuten soll: Will er wieder einen Kaiser oder gar einen »Führer« haben?

75 Schöllgen weist in diesem Zusammenhang darauf hin, daß in Europa »zweiundneunzig Millionen Menschen (...) Deutsch zur Muttersprache« haben, womit er schon einmal vorsorglich die Österreicher und deutschsprechenden Schweizer »heim ins Reich« holt. Siehe: ebenda, S. 28.

76 Ebenda, S. 19.

77 Julius Fröbel, Wien, Deutschland und Europa, Wien 1848

78 Friedrich List, Schriften, Reden, Briefe, hrsg. von Erwin v. Beckerath u.a., Bd. 1–10, Berlin 1931.

79 Paul de Lagarde, Deutsche Schriften, Göttingen 1892 (zuerst: 1885).

80 Friedrich Naumann, Mitteleuropa, in: ders., Werke, Bd. 4: Schriften zum Parteiwesen und zum Mitteleuropaproblem, Köln 1964 (zuerst: 1915).

81 Henry Cord Meyer, Mitteleuropa in German Thought and Action, Den Haag 1955.

82 Fritz Fischer, Griff nach der Weltmacht. Die Kriegszielpolitik des kaiserlichen Deutschland 1914–1918, 3. Aufl. Düsseldorf 1967; ders., Krieg der Illusionen. Die deutsche Politik von 1911–1914, Düsseldorf 1969.

83 Vgl. dazu und zum folgenden auch: Wippermann, Der »deutsche Drang nach Osten«.

84 Siehe dazu vor allem: Hans-Ulrich Wehler, Krisenherde des Kaiserreiches 1871–1918, Göttingen 1970; ders., Das Deutsche Kaiserreich 1871–1918, Göttingen 1973.

85 Die wichtigsten der im folgenden erwähnten Beiträge sind abgedruckt in: Erhard Busek / Gerhard Wilfinger (Hrsg.), Aufbruch nach Mitteleuropa. Rekonstruktion eines versunkenen Kontinents, Wien 1986; Sven Papcke / Werner Weidenfeld (Hrsg.), Traumland Mitteleuropa? Beiträge zu einer aktuellen Kontroverse, Darmstadt 1988.

86 Die Zeit, NR. 16, 11. April 1986. Aus dem Artikel wurde ein Buch: Karl Schlögel, Die Mitte liegt ostwärts. Die Deutschen, der verlorene Osten und Mitteleuropa, Berlin 1986.

87 François Bondy, Das Phantom Mitteleuropa, in: FAZ vom 21.12.1985.

88 Zitiert nach ebenda.

89 Positive Einschätzung dieser »Mitteleuropa«- Diskussion bei: Timothy Garton Ash, Ein Jahrhundert wird abgewählt. Aus den Zentren Mitteleuropas 1980–1990, Frankfurt/M. 1993, S. 163–196.

90 Vgl. die knappe, aber m.E. zutreffende Differenzierung im Vorwort zu: Peter Gerlich/Krysztoff Glass/Barbara Serloth (Hrsg.), Neuland Mitteleuropa. Ideologiedefizite und Identitätskrisen, Wien/Torun 1995.

91 So verschiedene Beiträge in den von Peter Gerlich, Krysztoff Glass und Barbara Serloth herausgegebenen Sammelbänden.

92 Dazu ist etwa der ehemalige General und Mitarbeiter der »Jungen Freiheit« Heinrich Jordis von Lohausen zu zählen. Vgl.: Heinrich Jordis von Lohausen, Mut zur Macht. Denken in Kontinenten, Berg am See 1981.

93 Siedler, in: Arnulf Baring, Deutschland, was nun?, Berlin 1991, S. 33.

94 Erschienen sind bisher: Hartmut Boockmann, Ostpreußen und Westpreußen, Berlin 1992; Friedrich Prinz, Böhmen und Mähren, Berlin 1993; Gert von Pistohlkors, Baltische Länder, Berlin 1994.

95 Ich konzentriere mich im folgenden auf diese Broschüre des Siedler-Verlages. Ähnliche Thesen werden aber auch in verschiedenen anderen Publikationen vertreten. Vgl. etwa: Volker Press, Von der mittelalterlichen zur frühneuzeitlichen Ostsiedlungsbewegung – ein Rückblick, in: Klaus J. Bade (Hrsg.), Deutsche im Ausland – Fremde in Deutschland. Migration in Geschichte und Gegenwart, München 1992, S. 29–35. Dieser Autor faßt nicht nur die mittelalterliche und die frühneuzeitliche »Ostsiedlungsbewegung« (!) zu einem historischen Phänomen zusammen, er verknüpft die Geschichte dieses fiktiven (!) Phänomens mit dem Ende des Zweiten Weltkrieges, wenn er schreibt: »Das 20. Jahrhundert sah die Auslöschung wesentlicher Ergebnisse der deutschen Ostsiedlungsbewegung durch die Bevölkerungsverschiebungen im und nach dem Zweiten Weltkrieg.« (S. 36).

96 Deutsche Geschichte im Osten Europas. Eine Bilanz in 10 Bänden, o.O. u. o. J., S. 4 f.

97 Vgl. dazu: Dieter Oberndörfer, Die offene Republik. Zur Zukunft Deutschlands und Europas, Freiburg 1991; Lutz Hoffmann, Die unvollendete Republik. Zwischen Einwanderungsland und deutschem Nationalstaat, Köln 1992. In mehr historischer Perspektive: Rogers Brubaker, Staats-Bürger. Deutschland und Frankreich im historischen Vergleich, Hamburg 1994

98 Ebenda, S. 4.

99 Mit dieser ideologisierten und instrumentalisierten Sicht der sogenannten »deutschen Ostkolonisation« habe ich mich in verschiedenen Arbeiten beschäftigt: Wolfgang Wippermann, Der Ordensstaat als Ideologie. Das Bild des Deutschen Ordens in der deutschen Geschichtsschreibung und Publizistik, Berlin 1979; ders., Die Ostsiedlung in der deutschen Historiographie und Publizistik. Probleme, Methoden und Grundlinien der Entwicklung bis zum Ersten Weltkrieg, in: Wolfgang H. Fritze (Hrsg.), Germania Slavica I, Berlin 1980, S. 41–69; ders., »Gen Ostland wollen wir reiten!« Ordensstaat und Ostsiedlung in der historischen Belletristik Deutschlands, in: Wolfgang H. Fritz (Hrsg.), Germania Slavica II, Berlin 1981, S. 187–235; ders., Der »deutsche Drang nach Osten«; ders., Wie modern war der Generalplan Ost? Thesen und Antithesen, in: Mechthild Rössler/Sabine Schleiermacher (Hrsg.), Der »Generalplan Ost«. Hauptlinien der nationalsozialistischen Planungs- und Vernichtungspolitik, Berlin 1993, S. 125–130, Ideologie und Wirklichkeit eines politischen Schlagwortes, Darmstadt 1981. Erstaunlicherweise hat auch der französische Historiker Joseph Rovan diese chauvinistische These von der kulturellen Überlegenheit der Deutschen übernommen. Vgl.: Joseph Rovan, Mitteleuropa gegen Europa, in: Papcke/Weidenfeld (Hrsg.), Traumland Mitteleuropa?, S. 1–14.

100 Zu Krallert: Michael Burleigh, Germany turns eastwards. A study of Ostforschung in the Third Reich, Cambridge 1988, S. 244 ff.

101 Dieser Begriff wird von den meisten deutschen Historikern, vor allem von Klaus Zernack, favorisiert.

102 Dafür plädiert mit meines Erachtens guten Gründen: Anton Pelinka, Mythos Mitteleuropa, in: Gerlich/Glass/Serloth (Hrsg.), Neuland Mitteleuropa. S. 13–18.

103 In ganz platter Form taucht diese These auch verschiedentlich in Artikeln auf, die Ernst Jendra für die rechtsradikale Zeitschrift »Junge Freiheit« geschrieben hat. Dies liest sich dann so: »Wo deutsche Klöster gegründet wurden, wurde das Gebiet zum geschlossenen deutschen Siedlungsgebiet, wo deutsche Ritter sich dauerhaft niederließen, wurde deutsches Herrschaftsgebiet, die Städtegründungen deutscher Bürger wurden rechtlich (zumindest zeitweise) kulturell deutsche Zentren«, in: Junge Freiheit 3, 1993. Vgl. dazu auch: Helmut Kellershohn (Hrsg.), Das Plagiat. Der Völkische Nationalismus der Jungen Freiheit, Duisburg 1994, S. 306 f.

104 Walter Schlesinger, Zur Problematik der Erforschung der deutschen Ostsiedlung, in: Die deutsche Ostsiedlung des Mittelalters als Problem der europäischen Geschichte, Sigmaringen 1975, S. 11–30, S. 14. Schlesingers Worte sind es wert, gerade heute zitiert zu werden. Er verneinte die Frage, ob das von der »deutschen Ostsiedlung erfaßte Gebiet ein Geschichtsraum« sei, wobei er unter anderem ausführte: »Die deutsche Forschung hat es behauptet, ja sie hat zeitweise behauptet, dieses Gebiet sei im Grunde erst durch die deutsche Ostsiedlung oder, wie man erweiternd sagte, durch die deutsche Ostbewegung zu einem solchen Geschichtsraum mit eigener Individualität geworden. Die nach Osten gezogenen Deutschen seien es gewesen, die dem östlichen Mitteleuropa das geschichtliche Gepräge gegeben hätten, das es als eine Größe eigener Ordnung von Osteuropa abhebt.« Kritisch zu diesen unhistorischen Spekulationen auch: Lothar Dralle, Die Deutschen in Ostmitteleuropa. Ein Jahrtausend europäischer Geschichte, Darmstadt 1991.

105 Knapper Hinweis auf diese Identifizierung im Vorwort zu: Gerlich/Glass/Serloth (Hrsg.), Neuland Mitteleuropa. S. 7.

106 Karlheinz Weißmann, Rückruf in die Geschichte. Die deutsche Herausforderung, Berlin 1992.

107 Ebenda, S. 36 ff. Geradezu verachtet werden die sogenannten »Existentialisten«, denen die »Betonung der deutschen Schuld« vorgeworfen wird (S. 37 f.).

108 Ebenda, S. 65.

109 Ebenda, S. 125.

110 Ebenda, S. 126 ff. Hier bezieht sich Weißmann auf die Ideologien von Artur Moeller van den Bruck und anderen Vertretern der sogenannten »Konservativen« Revolution.

111 Ebenda, S. 174.

112 Ebenda, S. 173.

113 Ebenda, S. 175. Weißmann zitiert hier zustimmend den »Wirtschaftsexperten« Alfred Zänker, der folgendes geschrieben haben soll: »Geographie, Kultur, die deutsche Wirtschaftskraft, die schlechtgenutzten Ressourcen Rußlands und Osteuropas entwickeln heute ihre Eigendynamik. Wer der Herr der Welt wird, steht jetzt nicht zur Debatte. Für West und Ost, Russen und Deutsche geht es in den nächsten Jahrzehnten darum, Eurasien zu erschließen. Das ist die Sicht an der Schwelle des 21. Jahrhunderts.«

114 Adolf Hitler, Mein Kampf. 2 Bände in einem Band, ungekürzte Ausgabe, 22. Aufl. München 1933, S. 154.

115 Ebenda, S. 145.

116 Rainer Zitelmann/Karlheinz Weißmann/Michael Großheim (Hrsg.), Westbindung. Chancen und Risiken für Deutschland, Berlin 1993.

117 Diese Kritik richtet sich an Bernd Faulenbach, der Vorsitzender der Historischen Kommission der SPD ist und hier einen ziemlich nichtssagenden Beitrag über »›Nation‹ und ›Modernisierung‹ in der deutschen Geschichte« (S. 103–128) beisteuert.

118 Ebenda, S. 391–420.

119 Ebenda, S. 421–440.

120 Ebenda, S. 297–322, Zitat S. 303.

121 Ebenda, S. 441–458. Der Beitrag macht einen ziemlich verquasten Eindruck, was im übrigen auch für die übrigen geopolitischen Spekulationen dieses Professsors an der »Europauniversität« Frankfurt/Oder gilt.

122 Ebenda, S. 259–276.

123 Karl Feldmeyer, Die NATO und Deutschland nach dem Ende des Ost-West-Gegensatzes, in: ebenda, S. 459–476.

124 Ludwig Watzal, Der Irrweg von Maastricht, in: ebenda, S. 477–500.

125 Hans-Christof Kraus, Die deutschen Konservativen, England und der Westen, in: ebenda, S. 61–102.

126 Eberhard Straub, »Verwestlichung« als Erziehungsprogramm, in: ebenda, S. 323–342, Zitat S. 324.

127 Michael Großheim/Karlheinz Weißmann/Rainer Zitelmann, Einleitung: Wir Deutschen und der Westen, in: ebenda, S. 9–17.

128 Ebenda, S.10.

129 Zur Kritik dieser Vorstellungen: Kurt Lenk, Volk und Staat. Strukturwandel politischer Ideologien im 19. und 20. Jahrhundert, Stuttgart 1971; Kurt Sontheimer, Antidemokratisches Denken in der Weimarer Republik, München 1968.

130 Großheim u.a., Einleitung, S. 10.

131 Ebenda, S. 13.

132 Karl-Eckhard Hahn, Westbindung und Interessenlage. Über die Renaissance der Geopolitik, in: Heimo Schwilk/Ulrich Schacht (Hrsg.), Die selbstbewußte Nation. »Anschwellender Bocksgesang« und weitere Beiträge zu einer deutschen Debatte, Berlin 1994, S. 327–344.

133 Ebenda, S. 327. Diesem Satz ist wirklich nichts hinzuzufügen.

134 Ebenda, S. 329 ff. Peinlich ist der Hinweis auf das Schicksal des Haushofer Sohnes Albrecht, der wegen seiner Kenntnis von den Plänen Stauffenbergs von der Gestapo ermordet wurde. Dadurch werden die geopolitischen Theorien Karl Haushofers doch in keiner Weise rehabilitiert.

135 Ebenda, S. 335. Diese Phrase geht auf den konservativen Historiker Hans-Peter Schwarz zurück.

136 Ebenda, S. 334. Hahn bezieht sich auf Carl Schmitts Essay »Land und Meer«.

137 Ebenda, S. 336. Bezeichnenderweise hält es Hahn nicht mehr für nötig, mit dem Hinweis auf die »Mittellage« Deutschlands die Untaten Hitlers zu entschuldigen. Darauf geht er überhaupt nicht mehr ein.

138 Ebenda, S. 337.

139 Ebenda, S. 339.

140 Ebenda, S. 342.

141 Auf diese gefährliche Entwicklung haben die englischen Historiker Peter Pulzer und Richard Evans schon 1987 und 1989 hingewiesen. Vgl. mit weiteren Nachweisen: Evans, Im Schatten Hitlers?, S. 153. Selbst ein so kritischer Beobachter des Historikerstreits wie Wehler hat dies offensichtlich nicht für möglich gehalten. Meinte er doch, daß die »Rede von der »Mittellage« (...) zur Verstärkung und Legitimierung der Westbindung dienen« könne. Wehler, Entsorgung der deutschen Vergangenheit?, S. 189.

»Erzwungener Krieg«? Rechtfertigung durch Aufrechnung

Die neue Kriegsschulddiskussion war Hans-Ulrich Wehler in seinem »polemischen Essay« zum Historikerstreit nur knapp zwei Seiten wert. Schließlich hätten »dutzende von Fachleuten, in vorderster Linie auch Hillgruber«, Thesen, wonach Deutschland nicht oder nicht allein am Ausbruch des Zweiten Weltkrieges schuld gewesen ist, als »Lügengespinst« entlarvt und »völlig überzeugend empirisch immer wieder zerstört«.[1]

Vor zehn Jahren hatte Wehler mit dieser Feststellung unzweifelhaft recht, denn anders als nach dem Ersten hat es nach dem Zweiten Weltkrieg lange Zeit keine ernst zu nehmende Diskussion über die Kriegsschuld gegeben. Bestand (und besteht!) doch kein Zweifel daran, daß Hitler den Krieg gewollt, bewußt angezettelt und schließlich mit beispielloser Grausamkeit geführt hat.

Dennoch hat es immer wieder Versuche gegeben, dieses Faktum zu bestreiten. Zu erwähnen sind in diesem Zusammenhang einmal ehemalige Funktionäre und Offiziere des Dritten Reiches, die nicht nur ihren »verlorenen Siegen«[2] nachtrauerten, sondern die auch den einstigen Gegnern vorwarfen, am Ausbruch des Krieges zumindest mitschuldig zu sein.[3] Diese NS-Nostalgiker erhielten jedoch schon in den fünfziger Jahren die unerwartete Unterstützung eines hochangesehenen amerikanischen Geschichtsprofessors. Sein Name war Harry Elmer Barnes.[4]

Barnes hatte schon in der Zwischenkriegszeit Zweifel an der damals weit verbreiteten These von der Alleinschuld Deutschlands am Ersten Weltkrieg geäußert. In den dreißiger Jahren wurde er zu einem scharfen Kritiker der Politik Präsident Roosevelts, dem er schließlich 1947 vorwarf, Amerika völlig unnötigerweise in den Zweiten Weltkrieg geführt zu haben, weil Hitler keinerlei Angriffsabsichten gehabt habe. Die These von der Unschuld Deutschlands an beiden Weltkriegen führte er dann in weiteren Publikationen näher aus, die zumindest in Teilen der akademischen Öffentlichkeit

Amerikas auf Zustimmung stieß. Zur Charakterisierung dieser Richtung bürgerte sich hier der Begriff des »Revisionismus« ein, der wenig später auch von deutschen und europäischen Historikern übernommen wurde.[5]

Ende der fünfziger Jahre konnte Barnes den Harvard-Doktoranden David Leslie Hoggan dazu gewinnen, seine an sich völlig konventionelle Dissertation so umzuarbeiten, daß sie schließlich unter dem bezeichnenden Titel »Der erzwungene Krieg« beim rechtsradikalen Grabert-Verlag erscheinen konnte.[6] In diesem Buch wurde nicht nur die deutsche Kriegsschuld, sondern auch die Existenz der deutschen Vernichtungslager in Frage gestellt. Hoggan verband also die Auschwitz- mit der Kriegsschuldlüge. Verständlich, daß Hoggan von der deutschen radikalen Rechten hymnisch gefeiert wurde.[7]

Sprecher und Organisator dieser Kampagne war der 1901 geborene Herbert Grabert, der wegen seiner NS-Belastung nach 1945 nicht wieder in den Hochschuldienst gelangt war,[8] weshalb er einen »Verband der nicht-amtierenden (amtsverdrängten) Hochschullehrer« ins Leben rief. Zu seiner Lobby-Tätigkeit für diese alten Nazis kam sein neonazistische Engagement, das Grabert bewog, »Die Deutsche Hochschullehrer-Zeitung« und das Tübinger »Institut für deutsche Nachkriegsgeschichte« und schließlich den nach ihm benannten rechtsradikalen Verlag zu gründen und zu leiten. Institut wie Zeitschrift und Verlag beschäftigten sich vornehmlich mit der »Widerlegung« der Kriegsschuld- und sehr bald auch der Auschwitzlüge. Dabei nahmen Grabert und seine alt- und neonazistischen Gönner und Mitstreiter gern die Hilfe von ausländischen Revisionisten und Rechtsradikalen wie den Franzosen Maurice Bardèche und Paul Rassinier, dem Briten Peter H. Nicoll[9] und den Amerikanern Kurt Glaser,[10] Charles Callan Transill,[11] Harry Elmer Barnes und natürlich David L. Hoggan in Anspruch. Für Hoggan veranstalteten sie 1964 eine Vortragsreise,[12] auf der er verschiedene Preise rechtsradikaler Organisationen entgegen nehmen durfte, die in der damaligen Presse ein großes Echo fand. »Der Spiegel« widmete ihm eine Titelgeschichte.[13]

Hoggans Buch wurde jedoch von der deutschen und internationalen Fachwelt als unwissenschaftliches Machwerk entlarvt, das verschiedene Fälschungen enthielt.[14] In Deutschland waren es neben den erwähnten deutschen und internationalen Rechtsradikalen und

Revisionisten eigentlich nur der Kölner Byzantinistik-Professor Berthold Rubin, der Hoggan verteidigte. Rubin wechselte dann selber ins rechtsradikale Lager über. Auffallend ist jedoch, daß Hoggans amerikanischen Freunde und vor allem sein Mentor Barnes[15] weitgehend von der Kritik verschont wurden.[16]

Umso nachhaltiger kritisierten die deutschen Fachhistoriker die Thesen des Oxforder Professors A. J. P. Taylor, der in seinem Buch über »Die Ursprünge des Zweiten Weltkrieges« die zweifellos zugespitzte These vertrat, daß Hitler eigentlich ein ganz »normaler« deutscher Revisionspolitiker gewesen sei.[17] Damit wollte Taylor aber nicht, wie einige deutsche Rechtsextremisten meinten, Hitler entlasten, sondern ganz im Gegenteil die übrigen deutschen Außenpolitiker vor und nach Hitler belasten. Er stand also mehr in der Tradition der deutschlandkritischen Sicht eines Robert Vansittart als der germanophilen von Revisionisten wie Barnes.[18]

Seit der Widerlegung der Hogganschen Lügen und der überzogenen Thesen Taylors hat sich die deutsche Zeitgeschichtsschreibung kaum noch mit den weiteren revisionistischen Arbeiten beschäftigt,[19] in denen die deutsche Kriegsschuld geleugnet wurde.[20] Dennoch konnte Andreas Hillgruber noch 1980 befriedigt feststellen: »Eine mit der weitgespannten, über mehrere Jahrzehnte hinweg fortgesetzten wissenschaftlichen und publizistischen Diskussion um die ›Kriegsschuldfrage 1914‹ irgendwie vergleichbare Auseinandersetzung um die Verantwortung für den Krieg von 1939 hat es nicht gegeben, konnte es auch nicht geben, da an der ›Entfesselung‹ des Krieges von 1939 durch Hitler-Deutschland von Anfang an kein ernst zu nehmender Zweifel bestand.«[21]

Trotz dieses eindeutigen Verdikts des Weltkriegs II.-Experten Hillgruber ist es in den letzen zehn Jahren zu einer Erneuerung der Kriegsschulddiskussion gekommen.[22] Sie entzündete sich ausgerechnet am deutschen Überfall auf die Sowjetunion.[23]

In der grauen Literatur der Nicht-Fachhistoriker waren schon frühzeitig Zweifel an der Erkenntnis der Fachhistoriker geäußert worden, 1941 habe Deutschland die Sowjetunion angegriffen und nicht umgekehrt. Ein ehemaliger Offizier setzte den Begriff »Überfall« in Fragezeichen und schrieb 1975 ein Buch über den »sowjetisch-deutschen Aufmarsch 1941«.[24] Dieser unglaublichen These schloß sich ein weiterer Amateur-Historiker an. Gemeint ist der österreichische Philosophieprofessor Ernst Topitsch, der 1985 die Ansicht äußerte, das »Unternehmen Barbarossa« sei nicht Hitlers, sondern eigentlich »Stalins Krieg« gewesen.[25] Hitler sei dem unmittelbar bevorstehenden Überfall durch Stalin nur zuvorgekommen. Unterstützung fand Topitsch mit dieser These bei einem übergelaufenen KGB-Agenten, der sich »Suworow« nennt[26] und über dessen wahre Identität lange Zeit nichts bekannt war. Erst jetzt, nach Erscheinen eines noch unglaublicheren Buches,[27] weiß man, daß sich hinter »Suworow« der ehemalige Sowjetgeheimdienstler Wladimir Resun verbirgt, der sich in England aufhalten soll.[28] Auch »Suworow« wies auf die aggressive Zielsetzung Stalins hin, der Hitler nur als »Eisbrecher« benützen wollte, um die Westmächte zu schwächen.

Nun konnte und kann man mit den Erkenntnissen von ehemaligen deutschen Offizieren, österreichischen Philosophieprofessoren und sowjetischen KGB-Agenten wirklich »keinen Staat« machen. Anders war es, als der Mitarbeiter des Militärgeschichtlichen Forschungsamtes Joachim Hoffmann im vierten Band der von dieser staatlichen Institution herausgegebenen Geschichte des Zweiten Weltkrieges ebenfalls behauptete, daß Stalin eine Offensive geplant und weitgehend vorbereitet hätte, der dann Hitler »nur« zuvorgekommen sei.[29] Diese These stand jedoch nicht nur in einem merkwürdigen Gegensatz zu den übrigen Aufsätzen im gleichen Band der Geschichte des Zweiten Weltkrieges, sie wurde auch von dem damaligen Altmeister der NS- und Weltkriegsforschung, Andreas Hillgruber, kompromißlos abgelehnt.[30] Auch andere Experten der Geschichte des Zweiten Weltkrieges zerpflückten Hoffmanns Argumente gnadenlos.[31]

Doch dies machte auf Hoffmann offensichtlich keinen Eindruck. Schließlich war er inzwischen keineswegs nur von rechtsradikalen Politikern wie dem ehemaligen Chef der NPD, Adolf v. Thadden,[32] sondern auch von dem FAZ-Redakteur Günther Gillessen gelobt und gegen alle Kritik in Schutz genommen worden.[33] Gerade die FAZ öffnete 1986/87 ihre Spalten den Befürwortern der Präventivkriegsthese, die sich keineswegs mit dem »Historikerstreit« »überschnitt«, wie Wehler 1988 meinte,[34] sondern deren weiterer Fortgang eindrucksvoll zeigt, wer tatsächlich den »Historikerstreit« gewonnen hat: die Revisionisten.[35]

Daß die, bleiben wir einmal im militärischen Jargon, »Abwehrfront« der seriösen Historiker löchrig war, unterstreicht der Aufsatz, den Klaus Hildebrand 1987 in der Historischen Zeitschrift veröffentlichte.[36] Ähnlich wie Nolte (und in einer vergleichbaren verschwommenen Sprache) wies Hildebrand hier auf verschiedene Parallelen in der Außenpolitik Hitlers und Stalins hin. Beide Diktatoren hätten »Kriegszielprogramme« entwickelt, durch die der schließliche »Konflikt« unumgänglich geworden sei. Allerdings habe Stalin seine Angriffstruppen nur »sprungbereit« gehalten, während es schließlich Hitler gewesen sei, der die »Flucht nach vorn« angetreten habe.[37] Mit der unpräzisen Formulierung »Flucht nach vorn« näherte sich Hildebrand in einer mehr als bedenklichen Weise der Präventivkriegsthese. Voll und ganz unterstützt wurde sie dagegen von dem Militärhistoriker Bernd Stegemann.[38]

Nicht ganz klar war jedoch die Einstellung Noltes zur Präventivkriegsthese.[39] In seinem Buch über den »europäischen Bürgerkrieg« wies er zwar darauf hin, daß die Präventivkriegsthese aus der nationalsozialistischen Propaganda stammt, um dann jedoch Hoffmann und anderen neueren Vertretern dieser These zuzustimmen, d.h. sie kommentarlos zu zitieren.[40] Völlig unklar sind dann die folgenden beiden Sätze: »Aber ein Angriffskrieg ist gleichwohl nicht notwendigerweise schon deshalb ein Überfall, weil er nicht ein Präventivkrieg ist. Er kann ein objektiv begründeter und unvermeidbarer Entscheidungskampf sein.«[41] Nach verschiedenen weiteren, mehr als verworrenen Ausführungen kommt Nolte dann zu dem Schluß, daß es »gute Gründe für die Annahme« gebe, »Stalin sei ebenso überzeugt gewesen wie Hitler, daß eine Entscheidung getroffen werden mußte, er habe jedoch nicht geglaubt, daß sie sich jetzt schon in der Gestalt eines Krieges zwischen Deutschland und der Sowjetunion vollziehen würde.«[42] Dies klingt – bei Noltes verschwommenem Stil weiß man dies ja nie – wie eine Ablehnung der Präventivkriegsthese. Völlig verwirrend wird es, wenn, Nolte im folgenden Satz wieder beiden Seiten die Schuld gibt.[43]

Das Rätsel der Sphinx ist hier Noltes Theorie, daß der »deutsch-sowjetische Krieg« ja »nur« eine Etappe in dem säkularen »europäischen Bürgerkrieg« zu sein hat. Folglich dekretiert Nolte die »geschichtsphilosophische« Wahrheit: »Dennoch gab es keinen Zweifel, daß dieser Krieg von seinen Urhebern auch als eine Wiederaufnahme des Bürgerkrieges verstanden wurde und daß alle Emotionen von neuem lebendig wurden, die einst in Rußland und in Deutschland vorgeherrscht hatten.«[44] Den Rassen- und Raubkrieg der Deutschen als Fortsetzung des russischen Bürgerkrieges zu bezeichnen, ist grotesk.

In seinem Buch »Streitpunkte«, das eigentlich laut Untertitel von »heutigen und künftigen Kontroversen um den Nationalsozialismus« handeln soll, tatsächlich aber eine einzige und letztlich ermüdende Rechtfertigung von Noltes Gulag-Auschwitz-These ist, ist Nolte noch einmal auf die »Kontroverse« eingegangen, »ob der deutsche Angriff auf die Sowjetunion trotz der Eroberungs- und Vernichtungsintentionen Hitlers, über die unter den Autoren Einmütigkeit besteht, vielleicht trotzdem ein Präventivkrieg war«.[45] Auch hier enden Noltes verschwommene Ausführungen in der apodiktischen Feststellung: »Wer Ideologien ernst nimmt, kann die Präventivkriegsthese nicht von vornherein apodiktisch ablehnen.«[46]

Damit ist der von ihm »geschaute« »Weltbürgerkrieg der Ideologien« gemeint, in den der Krieg gegen die Sowjetunion eben eingeordnet werden muß. Immerhin ist Nolte hier kurz auf die schon erwähnten Bücher Erich Helmdachs, Joachim Hoffmanns und Ernst Topitschs eingegangen, den er als »hochangesehenen Philosophen« charakterisiert und dessen Bemerkung er lobenswert findet, wonach »Europa dem Opfergang der deutschen Soldaten auch einiges verdankt«. Besonders ausführlich würdigt Nolte die Argumente »Suworows«, wobei ihm dessen Vermutung, daß die Ausgaben für die Ausbildung eines sowjetischen Fallschirmjägers so hoch gewesen seien, »daß sie den Hungertod eines Kindes bedeuteten«, besonders imponiert hat. Nolte findet dieses absurde Rechenbeispiel: Ausbildung eines Fallschirmjägers gleich Hungertod eines Kindes »erschütternd«.[47] Dagegen ist ihm offensichtlich nicht in den Sinn gekommen, daß es sich bei diesen Befürwortern der Präventivkriegsthese mit Ausnahme von Hoffmann nicht um Fachhistoriker, sondern um ehemalige Hitler-Offiziere, Philosophie-Professoren und KGB-Agenten handelt, deren unwissenschaftliche Thesen schon durch ihre bloße Erwähnung aufgewertet werden.

Dieser Vorwurf ist auch dem in Speyer lehrenden Geschichtsprofessor Werner Maser zu machen, der ebenfalls auf den »schon rollenden Zug« der Präventivkriegsdiskussion »aufgesprungen« ist.

Der Vielschreiber Maser war zwar wegen seiner Gier nach Publicity, die ihn unter anderem dazu bewogen hatte, der staunenden Weltpresse einen angeblichen Sohn Hitlers zu präsentieren, von seinen Kollegen etwas belächelt worden, doch als Revisionist galt er nicht. Im Gegenteil: Seine Forschungen zur Biographie Hitlers, die er »lückenlos« nachzeichnen wollte, wurden sogar anerkannt, obwohl man ihnen so furchtbar wichtige Dinge entnehmen konnte wie, welche Temperatur, ja welche »Luftfeuchtigkeit« am Tage von Hitlers Geburt geherrscht haben, wie die Hebamme geheißen hat, die den »schwächlichen und auffallend blauäuigen« kleinen Adolf entbunden hatte, und welche Operette das »nahgelegene Landestheater Linz« an diesem 20. April 1889 gespielt hatte.[48]

Noch komischer wurde es, wenn Maser schließlich Hitler und Napoleon miteinander verglich, was sich dann folgendermaßen anhört: »Napoleon: verführte alle seine Schwestern, Hitler: in sexueller Hinsicht sehr beherrscht. Bezeichnete seine Schwestern als ›dumme und blöde Gänse‹ und schätzte sie gering. Lehnte familiäre Kontakte (bis auf wenige Ausnahmen) ab. Napoleon: weinte nicht selten bei Gemütsbewegungen. Hitler: kam gelegentlich auch vor.«[49]

Doch dieser Maser, dem man nach der »Wende« mit der Aufgabe betraut hatte, das Historische Seminar der Universität Halle aufzubauen (bzw. zunächst einmal abzuwickeln), zeigte sich nach dem Ende des Kommunismus von einem glühenden Antikommunismus beseelt und versuchte, in seinem Buch über »Hitler, Stalin und der Zweite Weltkrieg« mit geradezu fanatischem Eifer die Präventivkriegsthese zu beweisen.[50]

Im Vorwort zu diesem überaus merkwürdigen Buch kanzelte Maser in einer Mischung aus Herrenmensch und Ordinarius zunächst einmal den russischen Historiker Aleksandr I. Boroznjak ab, der es doch gewagt habe, die Vertreter der »Präventivkriegsthese« zu kritisieren. Dies sei ein »geschichtsfremder Ausfall gegen die deutschen Fachhistoriker, deren Darstellungen den jüngsten Forschungsstand repräsentieren«.[51] Nachdem Maser die »deutschen Fachhistoriker« »über alles in der Welt« gestellt hat, erklärt er, wie erwähnt schon im Vorwort, was heute »zweifelsfrei belegbar« und »nachgewiesen« sei, nämlich erstens, »daß Stalin nicht nur einmal einen Krieg gegen Hitler führen wollte«, und zweitens, daß Stalin die »sowjetischen Vorbereitungen für den Krieg gegen Deutschland zumindest seit Dezember 1940 als notwendige Maßnahme zur Auslösung eines Präventivkrieges bezeichnen konnte, wie es auf deutscher Seite 1941 ebenfalls eindeutig der Fall war«.[52]

Und wie will Maser diese apodiktische Behauptung bewiesen haben? Zunächst einmal, in dem er alle anderen Historiker, die etwas anderes behaupten, mit Mißachtung straft. So werden in dem nur neun Seiten langen Quellen- und Literaturverzeichnis, das Maser hier fälschlich »Bibliographie« nennt, neben den Memoiren von Hitlers Generälen und Sekretärinnen im wesentlichen nur Werke von revisionistischen Historikern[53] und Befürwortern der Präventivkriegsthese[54] erwähnt. Maser begründet dies in der schon erwähnten Herrenmensch-Attitüde mit der folgenden Bemerkung: »Infolge der wissenschaftlich zweifelsfrei belegten Bilanz dieses Buches erwies es sich als überflüssig, weitere Publikationen anzuführen, die sich in der Vergangenheit – unter welchen Vorgaben auch immer – mit dieser Thematik befaßten.«[55]

Andreas Hillgrubers Standardwerk über »Hitlers Strategie« wird zwar zitiert, aber als »eine der dürftigsten und unergiebigsten Quellen« niedergemacht.[56] Dies ist ungehörig und hat Hillgruber wirklich nicht verdient. Unannehmbar ist, wenn Maser Historiker, die etwas anderes als er behaupten, nicht nur als »schlecht informiert«, sondern auch als »politisch korrumpiert« bezeichnet.[57] Wer soll hier wen korrumpiert haben? Der KGB die deutschen Historiker?

Umgekehrt wird ein Schuh draus, könnte man hämisch einwenden, denn fast alle Argumente hat Maser vom übergelaufenen KGB-Agenten »Suworow«. Dies gilt etwa für die wiederholten Hinweise, daß die Rote Armee über Fallschirmjägereinheiten verfügte, die eine »reine Angriffstruppe« sein sollen.[58] Fast schon lustig wird es, wenn Maser bei der Aufzählung all der schrecklichen Angriffswaffen, über die die Rote Armee verfügt haben soll,[59] auch einen Panzertyp erwähnt, der so konstruiert war, daß er »beim Erreichen der deutschen Autobahnen in der Lage« war, seine »Ketten abzusprengen und mit den dafür vorgesehenen Rädern mit Gummibereifung ohne Ketten zu fahren und höhere Geschwindigkeiten zu erreichen«.[60] Dies erinnert nun wirklich sehr an James Bond. Doch nicht genug damit. Der findige Historiker Maser hat zusätzlich noch herausgefunden, daß dieser sowjetische Wunder-Panzer die Typennummer »A-20« getragen haben soll, wobei »A« selbstverständlich für »Awtostrada gleich Autobahn« gestanden habe.

Keineswegs mehr lustig, sondern mehr als bedenklich ist es, wenn Maser seinem Machwerk verschiedene Karten beigibt, auf denen die »Rote Armee in Angriffs-Formation« dargestellt ist,[61] ja auf denen die »Hauptstoßrichtungen des von General Schukow im Mai 1941 geplanten Präventivschlags« schon eingezeichnet sind.[62] Maser und sein Gewährsmann »Suworow« greifen selbst zu den groteskesten Argumenten,[63] um ihre These, daß Hitler Stalin nur zuvorgekommen sei, zu beweisen.[64] So wenn sie aus der mehrfach belegten Tatsache, daß die »höchsten sowjetischen Führer« selbst in der Nacht vom 21. zum 22. Juni 1941 nicht an »eine bevorstehende deutsche Invasion« glauben wollten, schließen: »Wenn die sowjetischen Führer nicht an die Möglichkeit einer deutschen Invasion glauben, in was für einen Krieg gedachten sie denn zu ziehen? Und es bleibt nur eine Antwort: Sie waren auf dem Weg in einen Krieg, der ohne deutsche Invasion beginnen sollte.«[65]

Auf ein »Argument« ist Maser besonders stolz. Meint er doch herausgefunden zu haben, daß Heß am 10. Mai 1941 »nach Absprache mit Hitler und dessen Weisungen nach England« geflogen sei.[66] Der Heß-Flug habe Stalin in seiner Befürchtung bestätigt, daß Hitler »eben doch mit England kooperieren und gemeinsam mit den Westmächten die UdSSR überfallen könne«, weshalb Stalin dann seine Angriffsvorbereitungen auf Deutschland forciert habe.[67] Und woher weiß Maser dies? Von Hitlers Kammerdiener Linge, der ihm »in zahlreichen Gesprächen von 1977 bis 1980« mitgeteilt habe, daß Hitler am Tage nach dem Heß-Flug schon »um 9.30 Uhr plötzlich voll angekleidet und rasiert« vor ihm gestanden habe, obwohl Hitler Linge tags zuvor den Befehl gegeben habe, »ihn erst gegen Mittag zu wecken«.[68] Bei dieser Kammerdiener-Geschichte ist der Hitler-Foscher Maser wirklich in seinem Element.

Fraglich ist nur, ob man mit derartigen »stories« der von Maser im Vorwort großspurig zitierten »Maxime« Leopold von Rankes gerecht wird, zu zeigen, »wie es eigentlich gewesen« ist.[69] Ganz sicher nicht im Sinne Rankes ist es, wenn Maser sein Buch mit einem Zitat aus dem Wehrmachtsbericht vom 1. Mai 1945 abschließt, in dem es hieß: »Im Stadtkern von Berlin verteidigt sich die tapfere Besatzung um unseren Führer geschart auf verengtem Raum gegen die bolschewistische Übermacht. Unter schwerstem feindlichen Artilleriefeuer und rollenden Luftangriffen dauert das heroische Ringen an.«[70]

Weder dieser Wehrmachtsbericht noch Masers ganzes Buch schildern, »wie es eigentlich gewesen« ist. Darüber kann auch Masers Lob für Hoffmann nicht hinwegtäuschen. Verständlich ist jedoch, daß sich dieser Hoffmann durch das Lob des Geschichtsprofessors Maser in seinen Thesen bestätigt und sich trotz der weiter anhaltenden scharfen Kritik seitens verschiedener Fachhistoriker[71] bemüßigt fühlte, sie noch weiter zu radikalisieren.[72] Vom Altmeister der revisionistischen Kriegsschuldlüge, Georg Franz-Willing, wurde er daher geradezu hymnisch gefeiert, weil er sich »dem roten Terror zum Trotz mit seiner sachlichen Schilderung durchgesetzt« habe.[73] Dieser »rote Terror« soll Franz-Willing zufolge übrigens im Militärgeschichtlichen Forschungsamt geherrscht haben, das sich unter der Leitung von Manfred Messerschmidt zu einer »antifaschistischen Hetzzentrale« entwickelt hätte.[74]

Wie wir an den Publikationen von Hans-Helmuth Knütter und anderen gesehen haben, gilt »antifaschistisch« heute als ganz schlimmes Schimpfwort. Möglicherweise hat dies den Leitenden Archivdirektor des Bundesarchiv-Militärarchivs, Manfred Kehrig, dazu veranlaßt, für Hoffmanns neues Buch ein Vorwort zu schreiben, in dem er die Zentralthese Hoffmanns unterstützt, Stalin und nicht etwa Hitler habe »den Krieg gegen das Deutsche Reich als Vernichtungs- und Eroberungskrieg konzipiert und dann auch durchgeführt«, während Hitler seinem »Feldzug gegen die Sowjetunion« nur »rassenkämpferische Motive beimischte«.[75]

Folglich stellt Hoffmann die Greueltaten der Roten Armee groß heraus, während die Verbrechen, die die Deutschen vor allem hinter der Front begangen haben, kaum und der Judenmord so gut wie gar nicht erwähnt werden, wobei Hoffmann auch die – bewiesenen – Zahlenangaben bezweifelt.[76] Dafür spart er nicht mit heftigen Angriffen auf die Historiker, die seiner Präventivkriegsthese nicht folgen wollen. Er meint, daß sie immer noch im Banne der sowjetischen Propaganda stünden, wobei Hoffmann die These, wonach Hitler die Sowjetunion überfallen habe, schon mal als eine »Lüge« bezeichnet, deren Entstehung er direkt Stalin zuschreibt. All dies ist in einem ebenso hölzernen wie haßerfüllten Stil gehalten, was wirklich mehr an die revisionistische als an die fachwissenschaftliche Literatur erinnert. Selbst Hoffmanns großer Gönner Gillessen fühlt sich daher in seiner Rezension in der FAZ bemüßigt, folgende Kritik zu äußern: »Anzumerken ist schließlich auch, daß Hoffmann, offensichtlich zermürbt von der jahrzehntelangen Auseinandersetzung mit seinen Gegnern, und im Unterschied zu anderen Veröffentlichungen aus seiner Feder, in diesem Buch nicht stetig den kühlen Ton des Wissenschaftlers durchhält. Es hätte nicht bestimmter wertender Ausdrücke bedurft.«[77]

Ob nun mit »kühlem Ton« oder ohne, Hoffmann ist zu einer nicht mehr nur in einschlägigen Kreisen bekannten Persönlichkeit geworden,[78] weil er sich wirklich um den Revisionismus »verdient« gemacht hat. Daher war es folgerichtig, daß ihm von einem anderen revisionistischen Institut die »Dr.-Walter-Eckhard-Ehrengabe für Zeitgeschichtsforschung« verliehen wurde.[79] Ausgelobt wird diese »Ehrengabe« von der »Zeitgeschichtlichen Forschungsstelle Ingolstadt«, die im »Handbuch Rechtsextremismus« als »geistiges Zentrum rechtsextremer Kreise für historische Forschungen« eingestuft wird.[80] Leiter dieser »Zeitgeschichtlichen Forschungsstelle Ingolstadt«, die das Kürzel ZFI verwendet – und damit leicht mit dem IfZ, dem Institut für Zeitgeschichte in München zu verwechseln ist und vermutlich auch werden soll, weil sich das ZFI als Gegengründung zum IfZ versteht –, ist der 1933 im damaligen Sudetenland geborene Alfred Schickel.

Schickel hat in München Geschichte und Philosophie studiert und 1966 mit einer Dissertation zu einem Thema aus der Alten Geschichte promoviert. Obwohl er also kein ausgewiesener Zeithistoriker ist, gelang es ihm, von den Behörden der Stadt Ingolstadt, vom Land Bayern und vermutlich auch noch vom Bund genügend Gelder aufzutreiben, um 1981 seine »Zeitgeschichtliche Forschungsstelle Ingolstadt« zu gründen und bis heute auch zu unterhalten. Fragt man nach den Gründen, wie dies möglich war und ist, trifft man einmal auf die Mitteilung in seiner Biographie, daß sein Onkel »Kurienkardinal« und er selber in der Sudetendeutschen Landsmannschaft (aber nicht nur dort) aktiv ist. Im katholischen Bayern, wo die sudetendeutschen Wähler besonders verhätschelt wurden und immer noch werden, reicht dies offensichtlich als Qualifikation aus, um eine »Zeitgeschichtliche Forschungsstelle« zu leiten.

Nun ist selbstverständlich nichts dagegen einzuwenden, wenn sich Althistoriker und generell Laienforscher mit Themen aus der Zeitgeschichte beschäftigten. Allerdings müssen sie dabei die in diesem Fach gültigen Regeln der Quellenkritik beherrschen und über ausreichende Literaturkenntnisse verfügen. Beides ist bei Schickel nicht der Fall. Die meisten seiner zahlreichen Aufsätze, Broschüren und kleinen Bücher enthalten entweder gar keine oder völlig unzureichende Quellen- und Literaturverweise, in denen selbst die Standardwerke zur Geschichte des Dritten Reiches fehlen. Wenn Schickel, was selten genug vorkommt, Quellen heranzieht, dann handelt es sich meist um solche recht dubioser Herkunft, die dann völlig aus dem Zusammenhang gerissen und ohne Beachtung der Methoden der Quellenkritik als »Beleg« für die eine oder andere revisionistische These angepriesen werden. Mit Wissenschaft hat dies alles wenig zu tun.

Noch problematischer ist, daß es Schickel im Laufe der Zeit gelungen ist, so gut wie alles, was Rang und Namen in der revisionistischen Szene hat, in seiner »Zeitgeschichtlichen Forschungsstelle«, sei es als Referent oder Autor, auftreten zu lassen. Im Mittelpunkt dieser revisionistischen Pseudo-Forschung stehen jedoch nicht Stalin und sein »Vernichtungskrieg« gegen Deutschland, sondern Roosevelt, Churchill sowie polnische und tschechoslowakische Politiker, die einen Präventivkrieg geplant hätten, der zur Teilung und Verkleinerung Deutschlands führen sollte und schließlich auch geführt hat.

Aus der Sicht des Sudetendeutschen Schickel macht die Konzentration auf die Polen, Tschechen, Engländer und Amerikaner Sinn, denn schließlich hat nicht Stalin die Sudetendeutschen vertrieben, sondern der bürgerliche Politiker Benesch hat dies mit Billigung auch der Westmächte getan. Nun hat die Vertreibung der Sudetendeutschen oder, wie Schickel gern und häufig sagt, die »Endlösung der Sudetenfrage«[81] auch etwas mit dem Zweiten Weltkrieg zu tun, der nun einmal von Hitler begonnen wurde. Doch dies darf gewissermaßen nicht sein, denn wenn Hitler den Krieg nicht vom Zaun gebrochen hätte, wäre das Münchener Abkommen noch in Kraft,[82] die Vertreibung der Sudetendeutschen wäre wirklich das abscheulichste Verbrechen dieses Jahrhunderts – oder wäre gar nicht passiert.

Dies ist der Grund, weshalb sich Schickel zusammen mit anderen Revisionisten wie Erich Schwinge,[83] Dirk Bavendamm,[84] Dirk Kunert[85] und anderen ganz auf den amerikanischen Präsidenten Roosevelt konzentriert und ihm vorgeworfen hat, die europäischen Völker in den Krieg getrieben zu haben. Diese Kriegsschuldthese wird folgendermaßen begründet:[86]

Der Weg zum Krieg habe nicht mit Hitlers revisionistischer Politik – Aufrüstung seit 1933, Wiedereinführung der allgemeinen Wehrpflicht 1935, Einmarsch in das entmilitarisierte Rheinland und Intervention in den spanischen Bürgerkrieg 1926, »Anschluß« Österreichs und Annexion des Sudetenlandes 1938, Besetzung des Memellandes und Zerschlagung der sogenannten »Rest-Tschechei« 1939 –, sondern mit Roosevelts sogenannter Quarantäne-Rede vom 5. Oktober 1937 begonnen.[87] Der zutiefst deutschfeindlich eingestellte Roosevelt habe dann die britische Regierung bewogen, am 31. März 1939 eine Garantieerklärung für Polen abzugeben. Polen habe damit einen »Blankoschek« erhalten,[88] um mit seinen antideutschen »Provokationen« fortzufahren, und habe bereits Pläne für einen Angriff auf Deutschland entwickelt, das nach einem polnischen Sieg geteilt werden sollte.[89] Dem polnischen Angriff sei Hitler dann jedoch zuvorgekommen, habe aber dennoch am 5. Oktober 1939 ein »großzügiges Friedensangebot« an die Westmächte gerichtet, bei deren Annahme der Zweite Weltkrieg »vermeidbar« gewesen wäre.[90] Doch dies habe wiederum Roosevelt verhindert, der dann systematisch auf eine Teilung Deutschlands hingearbeitet habe. Zum »Beweis« dieser skurrilen These wird dann auf den »berüchtigten Morgenthau-Plan« hingewiesen, in dem bereits die »ersten Spuren der nachmaligen Demarkationslinien in Ostmitteleuropa« zu erkennen seien, weil sich die »nachfolgenden Konferenzen von Jalta und Potsdam (...) weitgehend im Rahmen des Morgenthau-Plans« bewegt hätten.[91]

Natürlich ist dies alles Unsinn: Roosevelts Quarantäne-Rede enthielt keinerlei Angriffsabsichten, sondern war eine damals absolut berechtigte Warnung an die Adresse Hitlers und Mussolinis, die wegen ihrer aggressiven Außenpolitik kritisiert wurden. Die britische Garantieerklärung für Polen war alles andere als ein gegen Deutschland gerichtetes Bündnis. Von einem Angriff auf Deutschland haben damals allenfalls einige polnische Wirrköpfe geträumt.[92]

Wie der bereits begonnene Zweite Weltkrieg durch die Annahme des »Friedensangebots« Hitlers vom 5. Oktober 1939 vermeidbar gewesen wäre, bleibt Schickels Geheimnis.

Der von Schickel und anderen Revisionisten immer als besonderes Bubenstück der Amerikaner (und Juden) bezeichnete Morgenthau-Plan[93] war bereits Ende 1944 völlig bedeutungslos geworden, konnte schon deshalb keinen Einfluß auf die Konferenzen von Jalta und Potsdam haben und hatte auch niemals die völlig Reagrarisierung ganz Deutschlands vorgesehen. Dies ist nur von der Goebbelschen Propaganda behauptet und seitdem von allen revisionistischen (und auch von vielen seriösen) Historikern einfach nachgebetet worden. Wenn dabei immer wieder Morgenthau als »Roosevelts Racheengel« bezeichnet wurde,[94] der sich nach dem (angeblichen!) »alttestamentarischen« Prinzip von »Auge um Auge« an Deutschland rächen wollte[95] bzw. »vom Gedanken an eine unerbittliche, fast biblisch anmutende Vergeltungsaktion erfüllt« gewesen sein soll,[96] dann wird deutlich, daß diese Form des Revisionismus in den nackten Antisemitismus übergeht.[97] In der Argumentation der Revisionisten und Antisemiten hat der Morgenthauplan bzw., um es noch einmal zu sagen, das nachwirkende Bild, das Goebbels von ihm entworfen hat, große Ähnlichkeit mit den berüchtigten »Protokollen der Weisen von Zion«.[98]

Die Thesen der Revisionisten über den Ausbruch des Zweiten Weltkrieges sind zwar alle Unsinn, doch dieser Unsinn hat Methode. Der Versuch, den Täter Hitler zum bemitleidenswerten Opfer zu machen, dient dem Ziel, die deutschen Verbrechen zu relativieren und eine, um noch einmal Schickel zu zitieren, neue Lösung der »deutsch-slawischen Grenzprobleme« zu legitimieren.[99] All dies ist zudem keineswegs neu. Fast alle der von Schickel verwandten Thesen und Argumente kann man bereits in dem oben erwähnten Buch David Hoggans über den angeblich von Churchill, Roosevelt und den Polen »erzwungenen Krieg« lesen. Doch während die deutschen Historiker Anfang der sechziger Jahre Hoggans Machwerk scharf kritisierten, wahren sie Anfang der neunziger Jahre gegenüber Schickel und seinen Kumpanen ein sehr merkwürdiges Schweigen, das man schon fast als wohlwollend deuten könnte.

Vielleicht hat dies auch mit dem Verhalten von führenden Repräsentanten unseres Staates zu tun. Wurde doch Schickel nicht nur von anderen Revisionisten wie dem einschlägig bekannten Franz-

Willing wegen seiner »Aufklärung der kriegstreibenden Rolle des amerikanischen Präsidenten F. D. Roosevelt« überschwenglich gelobt,[100] ihm ist 1992 auf Vorschlag des damaligen bayerischen Ministerpräsidenten Streibl das »Verdienstkreuz am Bande des Verdienstordens der Bundesrepublik Deutschland« verliehen worden, obwohl, ja vielleicht sogar weil die Bundestagsabgeordnete der PDS, Ulla Jelpke, kurz vor dieser Auszeichnung in einer an die Bundesregierung gerichteten Anfrage auf die revisionistischen Machenschaften Schickels hingewiesen hatte.[101]

Dies machte auf die Ordensverleiher keinen Eindruck. Schickel habe sich, so heißt es in der Verleihungsurkunde, Verdienste im Kampf gegen »Unkenntnis, Vorurteil und Desinformation« erworben. Die neurechte Zeitschrift »Junge Freiheit« brachte diese Nachricht geradezu triumphierend.[102] Aus der Sicht dieses »Blockadebrechers der ›Neuen Rechten‹«[103] war dies nicht unbegründet, denn schließlich ist, um Theodor Eschenburg zu zitieren, »die Erkenntnis von der unbestrittenen und alleinigen Schuld Hitlers (am Ausbruch des Zweiten Weltkrieges) eine Grundlage der Politik der Bundesrepublik«.[104] Diese Mahnung Eschenburgs aus dem Jahre 1964 hat auch heute nichts von ihrer Richtigkeit und Aktualität eingebüßt.

Daß es überhaupt zu einer Diskussion über die unzweifelhafte Kriegsschuld Hitler-Deutschlands kommen konnte, zeigt, wie sehr sich das neue Deutschland auf einen historiographiegeschichtlichen Sonderweg begeben hat, den heutige ausländische Forscher nicht mehr zu gehen bereit sind. Zu ihnen gehört auch Goldhagen, der sich zu dieser deutschen Debatte mit keinem Wort geäußert hat, eben weil es an der deutschen Schuld für den Ausbruch eines Krieges, der im Osten als »Rassenkrieg« geführt wurde, nichts zu deuteln und zu diskutieren gibt. Auch deshalb scheinen Goldhagens Thesen in Deutschland so scharf kritisiert und abgelehnt worden zu sein.

Anmerkungen

1 Wehler, Entsorgung der deutschen Vergangenheit, S. 192 f. Etwas ausführlicher, aber genauso ablehnend: Evans, Im Schatten Hitlers, S. 64–70.

2 Erich von Manstein, Verlorene Siege, Frankfurt / M. 1963. Dieses Machwerk kam 1991 in 12. Auflage heraus. Mit ähnlicher Tendenz: Franz Halder, Hitler als Feldherr, München 1949; Adolf Heusinger, Befehl im Widerstreit. Schicksalsstunden der deutschen Armee 1933–1945, Tübingen 1950; Otto Bräutigam, So hat es sich zugetragen. Ein Leben als Soldat und Diplomat, Würzburg 1968.

3 So u. a.: Peter Kleist, Auch Du warst dabei. Ein Buch des Ärgernisses und der Hoffnung, Heidelberg 1952. Dazu die Kritik von: Hans Buchheim, Zu Kleists »Auch Du warst dabei«, in: Vierteljahreshefte für Zeitgeschichte 2, 1954, S. 177–192. Fritz Hesse, Das Spiel um Deutschland, Leoni 1953. Dazu und zum folgenden: Hermann Graml, Alte und neue Apologeten Hitlers, in: Wolfgang Benz (Hrsg.), Rechtsextremismus in Deutschland, 2. Aufl. Frankfurt/M. 1989, S. 63–92.

4 Zur in Deutschland wenig bekannten Rolle Barnes: Deborah F. Lipstadt, Denying the Holocaust. The Growing Assault on Truth and Memory, New York 1994, S. 67 ff. Der rechtsradikale Historiker Georg Franz-Willing bezeichnet Barnes als den »Begründer der revisionistischen Geschichtsschreibung in den USA«. Siehe Georg Franz-Willing, Kriegsschuldfrage der beiden Weltkriege, Rosenheim 1992, S. 180. Ernst Nolte, Streitpunkte. Heutige und künftige Kontroversen über den Nationalsozialismus, Berlin 1993, S. 318, charakterisiert Barnes dagegen als einen »bedeutenden Historiker«.

5 Vgl. dazu: Ludwig Elm, Hochschule und Neofaschismus. Zeitgeschichtliche Studien zur Hochschulpolitik in der BRD, Berlin 1972, S. 60, der auf den amerikanischen Ursprung des Begriffs verweist und sonst wenig mit ihm anzufangen weiß.

6 David L. Hoggan, Der erzwungene Krieg, Tübingen 1961, 14. Aufl. 1990.

7 Zum folgenden das sicherlich parteiische, aber sehr materialreiche Buch von Elm, Hochschule und Neofaschismus, S. 27 ff.

8 Grabert hatte im Dritten Reich verschiedene Bücher veröffentlicht, in denen er die Thesen der antisemitischen (und antichristlichen) Deutschen Christen popularisierte.

9 Nicoll schrieb für das Institut für Nachkriegsgeschichte ein Buch über »Englands Krieg gegen Deutschland«, in dem er die Hogganische These auswalzte: Peter H. Nicoll, Englands Krieg gegen Deutschland. Ursachen, Methoden und Folgen des zweiten Weltkrieges, Tübingen 1964 (= Veröffentlichungen des Instituts für deutsche Nachkriegsgeschichte).

10 Zu Glaser, der Professor in Chicago gewesen sein soll: Elm, Hochschule und Neofaschismus, S. 63. Von Glaser kam das Buch »Der zweite Weltkrieg und die Kriegsschuldfrage (Die Hoggan-Kontroverse), Würzburg 1965.

11 Der 1890 geborene Transill war Professor in Milwaukee und beteiligte sich an der pro-Hoggan-Kampagne.

12 Ausführliche Beschreibung bei Elm, Hochschule und Neofaschismus, S. 60–71.

13 »Der Spiegel« vom 13.5.1964.

14 Siehe die vernichtenden Rezensionen von Gerhard Weinberg, in: American Historical Review 68, 1962, S. 10 ff.; Hermann Graml, David L. Hoggan und die Dokumente, in: Geschichte in Wissenschaft und Unterricht 14, 1963, S. 492–514; Gotthard Jasper, Über die Ursachen des Zweiten Weltkrieges. Zu den Bücher von A. J. P. Taylor und David L. Hoggan, in: Vierteljahreshefte für Zeitgeschichte 10, 1962, S. 311–340.

15 Dabei hatte sich Barnes ganz offen vor seinen Schützling Hoggan gestellt. Vgl: Harry E. Barnes, Die deutsche Kriegsschuldfrage. Eine Rechtfertigung David L. Hoggans, Tübingen 1964 (= Beiheft zur Deutschen Hochschullehrer Zeitung 5).

16 Im Rückblick und im Vergleich zur heutigen Reaktion auf vergleichbare revisionistische Thesen ist das Verhalten der damaligen Historiker jedoch zu loben.

17 A. J. P. Taylor, Die Ursprünge des Zweiten Weltkrieges, Gütersloh 1962.

18 Vgl. dazu die etwas relativierenden Bemerkungen von Graml, Alte und neue Apologeten, S. 69. Hildebrand, Das Dritte Reich, S. 172 erwähnt Taylor dagegen im gleichen Atemzug mit Hoggan.

19 Vgl. noch: Gerhard Binder, Revisionsliteratur in der Bundesrepublik, in: Geschichte in Wissenschaft und Unterricht 17, 1966, S. 179–200.

20 Hier nur eine Auswahl dieser revisionistischen Bücher: Udo Walendy, Wahrheit für Deutschland. Die Schuldfrage des Zweiten Weltkrieges, Vlotho 1963; Bolko Frhr. v. Richthofen, Kriegsschuld 1939–1941. Der Schuldanteil der anderen, Vaterstetten 1975;

Georg Franz-Willing, Der Zweite Weltkrieg. Ursachen und Anlaß, Leoni 1979; Erich Schwinge, Churchill und Roosevelt aus kontinentaleuropäischer Sicht, Marburg 1983; Ulrich Stern, Die wahren Schuldigen am Zweiten Weltkrieg. Ursachen und Anstifter im Licht der neuen Forschung, München 1990; Georg Franz-Willing, Die Kriegsschuldfrage der beiden Weltkriege, Rosenheim 1992.

21 Andreas Hillgruber, Zur Entstehung des Zweiten Weltkrieges. Forschungsstand und Literatur, Düsseldorf 1980, S. 9.

22 Wie erwähnt, wurden die Präventivkriegsthese und andere Kriegsschuldlügen während des Historikerstreits nur am Rande angesprochen und kritisiert. Anders in dem Rückblick von: Jürgen Peter, Der Historikerstreit und die Suche nach einer nationalen Identität der achtziger Jahre, Frankfurt/M. 1995, S. 183 ff. Mit Ausnahme des schon mehrmals erwähnten Graml, Alte und neue Apologeten Hitlers, haben sich auch die Verfasser der Arbeiten über den Revisionismus überraschend wenig und überraschend spät mit der Kriegsschuldlüge beschäftigt. Dies scheint sich jetzt zu ändern.

23 Zum folgenden den vorzüglichen Aufsatz von: Gerd R. Ueberschär, Das »Unternehmen Barbarossa« gegen die Sowjetunion – ein Präventivkrieg?, in: Brigitte Bailer-Galanda/Wolfgang Benz/Wolfgang Neugebauer (Hrsg.), Die Auschwitzleugner. »Revisionistische« Geschichtslüge und historische Wahrheit, Berlin 1996, S. 182–205.

24 Ernst Helmdach, Überfall? Der sowjetisch-deutsche Aufmarsch 1941, Neckargemünd 1975.

25 Ernst Topitsch, Stalins Krieg. Die sowjetische Langszeitstrategie gegen den Westen als rationale Machtpolitik, München 1985. Ähnliche Thesen bereits bei: Philipp W. Fabry, Die Sowjetunion und das Dritte Reich. Eine dokumentierte Geschichte der deutsch-russischen Beziehungen von 1933 bis 1941, Stuttgart 1971.

26 Viktor Suworow, Der Eisbrecher. Hitler in Stalins Kalkül, Stuttgart 1989.

27 Viktor Suworow, Der Tag M., Stuttgart 1995.

28 Siehe die Titelgeschichte in: »Der Spiegel« 6/1996 vom 5.2.1996.

29 Joachim Hoffmann, Die Sowjetunion bis zum Vorabend des deutschen Angriffs, in: Das Deutsche Reich und der Zweite Weltkrieg, Bd. 4, Stuttgart 1983, S. 38–97.

30 Andreas Hillgruber, Hitlers Strategie. Politik und Kriegsführung 1940–1941, 2. Aufl. München 1982; ders., Noch einmal: Hitlers Wendung gegen die Sowjetunion 1941, in: Geschichte in Wissenschaft und Unterricht 1982, S. 214–226; ders., Der Angriff auf die Sowjetunion, in: FAZ vom 28. November 1984.

31 So u. a. von: Bianca Pietrov-Enker, Deutschland im Juni 1941 – ein Opfer sowjetischer Aggression? Zur Kontroverse über die Präventivkriegsthese, in: Wolfgang Michalka (Hrsg.), Der Zweite Weltkrieg. Analysen, Grundzüge, Forschungsbilanz, München 1989, S. 586–607; Gabriel Gorodetsky, Stalin und Hitlers Angriff auf die Sowjetunion. Eine Auseinandersetzung mit der Legende vom deutschen Präventivkrieg, in: Vierteljahreshefte für Zeitgeschichte 37, 1989, S. 645–672.

32 Adolf v. Thadden, Der Rußlandfeldzug – Überfall oder Präventivschlag? in: Nation Europa 3/1987.

33 Günther Gillessen, Der Krieg der Diktatoren. Wollte Stalin im Sommer 1941 das Deutsche Reich angreifen?, in: FAZ vom 20. August 1986. Dazu dann: Joachim Hoffmann, Stalin wollte den Krieg, in: FAZ vom 16. Oktober 1986.

34 Wehler, Entsorgung der deutschen Vergangenheit?, S. 192 f.

35 Vgl. Günther Gillessen, Der andere große Verderber Europas. Joachim Hoffmann beschreibt Anfang und Fortgang von Stalins Kriegsführung, in: FAZ vom 10. Oktober 1995, der in dieser Rezension von Hoffmanns neuem Buch (siehe dazu unten S. 68) bemerkt, daß diese Kontroverse ein »Nebenschauplatz des ›Historikerstreits‹« gewesen sei, um befriedigt fortzufahren, daß Hoffmanns »Kritiker seit einiger Zeit ziemlich still geworden« seien.

36 Klaus Hildebrand, Krieg im Frieden und Frieden im Krieg. Über das Problem der Legitimität in der Geschichte der Staatengesellschaft 1931–1941, in: Historische Zeitschrift 1987, S. 1–28.

37 Ebenda, S. 24 und 26. Vgl. dazu die Kritik von Evans, Im Schatten Hitlers?, S. 65.

38 Bernd Stegemann, Geschichte und Politik. Zur Diskussion über den deutschen Angriff auf die Sowjetunion 1941, in: Beiträge zur Konfliktforschung. Psycho-politische Aspekte 1/1987, S. 73–97. Erstaunlicherweise hat sich Weißmann, Der Weg in den Abgrund, S. 374, mit folgender Begründung gegen die Präventivkriegsthese ausgesprochen: »Daß der Krieg gegen die UdSSR von vornherein den Charakter eines gigantischen Raubzuges hatte, wurde an verschiedenen Äußerungen Hitlers erkennbar.«

39 Zu Noltes Haltung die bemerkenswert deutliche Kritik bei: Ueberschär, Das »Unternehmen Barbarossa« gegen die Sowjetunion – ein Präventivkrieg?, S. 188 ff.

40 Ernst Nolte, Der europäische Bürgerkrieg 1917–1945. Nationalsozialismus und Bolschewismus, Berlin 1978, S. 458 ff.

41 Ebenda, S. 460.

42 Ebenda, S. 463.

43 Ebenda: »Dann waren Hitler und Deutschland nicht dafür verantwortlich, daß die Situation bestand, innerhalb deren eine Entscheidung erforderlich wurde – dazu hatte Stalin ebensoviel beigetragen wie Hitler –, wohl aber waren sie die Ursache dafür, daß die Entscheidung durch einen deutsch-sowjetischen Krieg erfolgte.«

44 Ebenda, S. 465.

45 Ernst Nolte, Streitpunkte. Heutige und künftige Kontroversen um den Nationalsozialismus, Berlin 1993, S. 269.

46 Ebenda, S. 272.

47 Ebenda, S. 271.

48 Werner Maser, Adolf Hitler. Legende – Mythos – Wirklichkeit, 3. Aufl. München 1973, S. 8. Zur Kritik dieser unfreiwillig komisch wirkenden Vorgehensweise Masers: Wippermann, Forschungsgeschichte und Forschungsprobleme, in: ders. (Hrsg.), Kontroversen um Hitler, S. 87 f.

49 Ebenda, S. 365 f.

50 Werner Maser, Der Wortbruch. Hitler, Stalin und der Zweite Weltkrieg, München 1994.

51 Maser, Der Wortbruch, S. VII.

52 Ebenda, S. VIII.

53 Darunter: Dirk Bavendamm, Roosevelts Krieg. Siehe dazu unten!

54 An erster Stelle Hoffmann, aber auch Pilipp W. Fabry, Heinz Magenheimer, »Suworow« und Ernst Topitsch.

55 Maser, Der Wortbruch, S. 452. Selbst der so wichtige Weltkrieg II.-Experte Gerhard Weinberg wird hier nicht erwähnt.

56 Maser, Der Wortbruch, S. 315.

57 Ebenda, S. 293. Es ist diese elende Praxis der politischen Unterstellung, die wir immer wieder bei rechten Historikern finden.

58 Ebenda, S. 297. Mit der gleichen Argumentation könnte man behaupten, die Bundeswehr habe einen Überfall vorbereitet, weil sie über eine Luftlandedivision verfügt.

59 Siehe dazu ebenda, S. 301 die Bemerkungen zu einem sowjetischen Bombenflugzeug, das schon von »Suworow« als »Wunderwaffe« gefeiert worden war.

60 Ebenda, S. 350.

61 Ebenda, S. 356 f. Diese Karte stammt aus Suworow, Der Eisbrecher.

62 Ebenda, S. 329. Diese Karte stammt aus »Der Spiegel« Nr. 24, 1991.

63 Besonders »schön« ist auch Masers Interpretation eines Photos, auf dem neben Stalin auch Chruschtschow, Berija, Schkirjatow, Malenkow und Schdanow abgebildet worden waren, die dabei »wie deprimierte, reuige Sünder« ausgesehen hätten. »Fotos solcher Art« hätten Hitler in seiner Auffassung bestätigt, »daß die sowjetische Führung – außer Stalin – keine großen Probleme bereiten könnten.« Ebenda, S. 339.

64 So die Kapitelüberschrift auf S. 375: »Hitler kam Stalin zuvor«.

65 Ebenda, S. 376. Maser zitiert hier zustimmend »Suworow«.

66 Ebenda, S. 324. Hier zitiert Maser diverse seiner Veröffentlichungen.
67 Ebenda, S. 324.
68 Ebenda, S. 323 f.
69 Ebenda, S. VIII.
70 Ebenda, S. 379.
71 Zusammenfassend: Wolfram Wette, Die These vom Präventivkrieg und der Überfall auf die Sowjetunion, in: Klaus Meyer/Wolfgang Wippermann (Hrsg.), Gegen das Vergessen. Der Vernichtungskrieg gegen die Sowjetunion 1941–1945, Frankfurt/M. 1992, S. 43–58.
72 Vgl. etwa: Joachim Hoffmann, Angriffsvorbereitungen der Sowjetunion 1941, in: Bernd Wegner (Hrsg.), Zwei Wege nach Moskau. Vom Hitler-Stalin-Pakt zum »Unternehmen Barbarossa«, München 1991, S. 367–388. Vgl. zu Hoffmann auch: Peter, Historikerstreit, S. 188 ff.
73 Vgl. Franz-Willing, Die Kriegsschuldfrage, S. 155.
74 Ebenda, S. 155.
75 Joachim Hoffmann, Stalins Vernichtungskrieg 1941–1945, München 1995. Zeitungsberichten zufolge muß Kehrig jetzt disziplinarische Konsequenzen befürchten.
76 Hoffmann spricht in diesem Zusammenhang von der »Gasangelegenheit«. Geradezu perfide ist, wenn er den Namen der Schlucht von Babi Jar, wo über 30.000 Kiewer Juden ermordet wurden, ins Deutsche übersetzt und im Zusammenhang mit diesem Massaker von »Altweiberschlucht« schreibt. Vgl. dazu: Wolfram Wette, Kampfschrift gegen die Wahrheit, in: »Das Sonntagsblatt« Nr. 12, 22. März 1996, S. 8.
77 Günther Gillessen, Der andere große Verderber Europas. Joachim Hoffmann beschreibt Anfang und Fortgang von Stalins Kriegsführung, in: FAZ vom 10. Oktober 1993, S. 11. Im Februar 1996 hat sich das Bundesverteidigungsministerium im Bundestag von dem Buch Hoffmanns offiziell distanziert.
78 Mit den einschlägigen Kreisen meine ich die revisionistische Publizistik, in der Hoffmann geradezu als »Star« gefeiert wird. Vgl. als jüngstes Beispiel das rechtsradikale Magazin »Durchblick-Kurznachrichten« 12/1995. Sehr dazu beigetragen, daß Hoffmann einer größeren Öffentlichkeit bekannt wurde, hat der Artikel von Rudolf Augstein über »›Barbarossa‹ einmal anders«, in dem Hoffmanns Thesen zwar kritisch, aber ausführlich gewürdigt werden. In: »Der Spiegel« 6/1996. Auf das hier ebenfalls erwähnte, offensichtlich noch schlimmere Machwerk von: Walter Post, Unternehmen Barbarossa. Deutsche und sowjetische Angriffspläne, Hamburg 1995 möchte ich nicht mehr eingehen.
79 Information. Zeitgeschichtliche Forschungsstelle Ingolstadt Nr. 14/15, November 1991/April 1992.
80 Bernd Wagner (Hrsg.), Handbuch Rechtsextremismus. Netzwerke, Parteien, Organisationen, Ideologiezentren, Medien, Reinbek 1994, S. 164. Ähnliche Bewertung bei: Astrid Lange, Was die Rechten lesen, München 1993, S. 151; und: Helmut Kellershohn (Hrsg.), Das Plagiat. Der Völkische Nationalismus der »Jungen Freiheit«, Duisburg 1994, S. 120; Jens Mecklenburg (Hrsg.), Handbuch Deutscher Rechtsextremismus, Berlin 1996, S. 211 f. und S. 520
81 Alfred Schickel, 1938. Sudetendeutsches Schicksalsjahr. Vorgeschichte, Bestandsaufnahme, Folgen, Asendorf 1988, S. 39.
82 Nach Schickel war das Münchener Abkommen völkerrechtlich völlig korrekt und daher eigentlich noch gültig, zumal die CSR von sich aus auf das Sudetenland verzichten wollte. Vgl.: Alfred Schickel, Ein vergessenes Problem zwischen Bonn und Prag: Das Münchener Abkommen und die Frage seiner Gültigkeit, in: Europa vorn, 4. Jg. Nr. 17, Juli 1991, S. 17.
83 Erich Schwinge, Churchill und Roosevelt aus kontinentaleuropäischer Sicht, Marburg 1983. Bei diesem Schwinge handelt es sich um den ehemaligen führenden Kommentator des sogenannten Wehrstrafrechts, der damit für die drakonischen Strafen mitverantwortlich war, die Gerichte der Wehrmacht gegen alle möglichen Personen gefällt haben. Vgl.

dazu: Manfred Messerschmidt/Fritz Wüllner, Die Wehrmachtsjustz im Dienste des Nationalsozialismus – Zerstörung einer Legende, Baden-Baden 1987.

84 Dirk Bavendamm, Roosevelts Weg zum Krieg. Amerikanische Politik 1914–1939, München 1983; ders., Roosevelts Krieg 1937–1945 und das Rätsel von Pearl Harbour, München 1993. Vgl. dazu: Bernd Greiner, Nolte Mortale. Wie ein amerikanischer Präsident dazu herhalten muß, Hitler von der Kriegsschuld zu entlasten, in: »Die Zeit« vom 3.12.1993.

85 Dirk Kunert, Ein Weltkrieg wird programmiert. Hitler, Roosevelt, Stalin: Die Vorgeschichte des Zweiten Weltkrieges nach Primärquellen, Kiel 1984; ders., Deutschland im Krieg der Kontinente, Kiel 1988. Selbst dieser rechtsradikale Autor, der 1991 in Südafrika gestorben ist, wird von Nolte, Streitpunkte, S. 262 ausführlich gewürdigt und nur milde getadelt, weil es »manchmal« so aussehe, »als mache Kunert letzten Endes ›die Juden‹ verantwortlich, die ja unzweifelhaft in Roosevelts Umgebung und in den maßgebenden Presseorganen stark vertreten waren«. Gegen die Aufnahme des Kunert-Buches in das Programm des Ullstein-Verlages protestierten damals verschiedene Lektoren und Mitarbeiter des Verlages. Vgl. »Stern« 8 / 1986.

86 Zum folgenden: Wolfgang Wippermann, Die Wiederkehr der Propaganda. Einige Anmerkungen zur grotesken Debatte um die »Kriegsschuldlüge«, in: »Frankfurter Rundschau« vom 31.10.1995, S. 12.

87 Der Vielschreiber Schickel hat seine Thesen in verschiedenen inhaltlich und sprachlich meist identischen Publikationen vertreten. Hier nur die wichtigsten: Alfred Schickel, Deutsche und Polen. Ein Jahrtausend gemeinsamer Geschichte, Bergisch Gladbach 1984; ders., Vergessene Zeitgeschichte. Ergänzungen und Korrekturen zur deutschen, polnischen und amerikanischen Zeitgeschichte, München 1985; ders., Die Deutschen und ihre slawischen Nachbarn. Materialien zur Ostkunde, München 1985; ders., Befreiung oder Zerschlagung? Alliierte Kriegsziele in bezug auf Deutschland von 1933 bis 1945, in: Alfons Hueber (Hrsg.), 8. Mai 1945. Ein Tag der Befreiung?, Tübingen 1989, S. 89–125; ders., 1939. Deutsches Schicksalsjahr. Personen. Ereignisse. Dokumente, Asendorf 1989; ders. (Hrsg.), Aus den Archiven: Funde der Zeitgeschichtlichen Forschungsstelle Ingolstadt 1981–1992, München 1993.

88 Schickel, Die Deutschen und ihre slawischen Nachbarn, S. 24. Der Begriff »Blankoscheck« spielt in der Diskussion über die Schuld Deutschlands am Ersten Weltkrieg eine große Rolle.

89 Als »Beweis« für diese groteske These führt Schickel wiederholt einige Berichte subalterner britischer Diplomaten aus Warschau an, die ohne jegliche Quellenkritik völlig aus dem Zusammenhang gerissen und als absolut wahr dargestellt werden. Vgl.: Schickel, Vergessene Zeitgeschichte, S. 64–69.

90 Ebenda, S. 70 ff., Schickel, Befreiung oder Zerschlagung?, S. 95.

91 Schickel, Befreiung oder Zerschlagung?, S. 120.

92 Marian Zgórniak, Militärpolitische Lage und Operationspläne Polens vor dem Ausbruch des Zweiten Weltkrieges, in: Michalka (Hrsg.), Der Zweite Weltkrieg, S. 447–461.

93 Dazu jetzt: Bernd Greiner, Die Morgenthau-Legende. Zur Geschichte eines umstrittenen Plans, Hamburg 1995, bes. S. 14 ff., wo auf die Ausbeutung Morgenthaus in der rechten und rechtsradikalen Publizistik hingewiesen wird.

94 So Henning Schlüter in der Rezension zu Greiners Buch in der FAZ vom 13.9.1995.

95 Besonders extrem bei: Klaus-Rainer Röhl, Morgenthau und Antifa. Über den Selbsthaß der Deutschen, in: Heimo Schwilk/Ulrich Schacht (Hrsg.), Die selbstbwußte Nation, Berlin 1994, S. 85–101, der allen Ernstes eine Linie von Morgenthau und Kaufmann über die »Reeducation« zum Antifaschismus der 68er und ihrem »Deutschenhaß« zieht. Zu den ähnlichen Bemerkungen von Carl Schmitt, Herbert Grabert, Kaspar v. Schrenck-Notzing s. Greiner, Die Morgenthau-Legende, S. 17, 20 und 25.

96 Schlüter in FAZ vom 13.9.1995.

97 Vgl. dazu unten, S. 109 ff.

98 Zu den »Protokollen« mit weiterführenden Literaturangaben: Alex Bein, Die Judenfrage. Biographie eines Weltproblems, Bd. 1–2, Stuttgart 1980, Bd. 2, S. 317 ff. Es wäre eine interessante Aufgabe, die Genese und Funktion der Morgenthaulegende, die von Greiner nur angedeutet wurde, noch genauer zu analysieren.

99 Alfred Schickel, Deutsch-slawische Grenzprobleme, in: Deutschland in Geschichte und Gegenwart 3, 1991, S. 5–9.

100 Franz-Willing, Kriegsschuldfrage, S. 163. Franz-Willing spricht nicht ganz zu Unrecht vom »Beginn einer Wende in der Bundesrepublik«.

101 Zum gesamten Vorgang: Ulla Jelpke, Bundesverdienstkreuz für Geschichtsrevisionisten, in: Der Rechte Rand 21, Februar/März 1993, S. 8–9.

102 Junge Freiheit, Dezember/Januar 1992/93.

103 Jost Wippermann, Die »Junge Freiheit«. Blockadebrecher der »Neuen Rechten«?, in: Richard Faber u.a. (Hrsg.), Rechtsextremismus. Ideologie und Gewalt, Berlin 1995, S. 163–177.

104 Theodor Eschenburg, Seebohms Geschichtsbild, in: ders., Zur politischen Praxis in der Bundesrepublik. Kritische Betrachtungen 1957–1961, München 1964, Bd. 1, S. 162–165.

»Auch gute Seiten«? Relativierung durch Modernisierung

An deutschen Stammtischen konnte man es schon immer hören: »Hitler hat die Autobahn gebaut, und das Dritte Reich hatte auch gute Seiten.« Seit einiger Zeit kann man diese Stammtischweisheiten jedoch auch in fachhistorischen Büchern lesen, in denen das Dritte Reich ohne Wenn und Aber als »Sozialstaat« bezeichnet wird, der eine überaus »progressive Sozialpolitik« betrieben habe. Warum wird dieses »Autobahn-Argument« nicht als das bezeichnet und zurückgewiesen, was es zweifellos ist, nämlich gefährlicher Schwachsinn? Weil sich diese revisionistischen Historiker auf eine Theorie berufen, die auch in der seriösen Forschung vertreten wird. Gemeint ist die sogenannte Modernisierungsthese, deren Entstehung und Entwicklung zunächst skizziert werden soll, bevor auf die gegenwärtige Diskussion über das angeblich so »moderne« Dritte Reich eingegangen wird.[1]

Der Ursprung der Modernisierungsdoktrin liegt im Selbstverständnis des italienischen Faschismus, der sich in seiner Propaganda gern als ebenso »jugendliche« wie »moderne« Bewegung feierte. Vor allem Konservative nahmen dieses Selbstverständnis ernst, um vor dem Faschismus zu warnen, weil er angeblich genauso »revolutionär« wie der Bolschewismus sei.[2] Doch dies gehörte eher in den Bereich der politischen Publizistik. Einen durchaus wissenschaftlichen Charakter hatte dagegen die Analyse des italienischen Faschismus durch den deutschen Soziologen Franz Borkenau.[3] Borkenau kam zu dem Ergebnis, daß der (italienische) Faschismus eine Art Entwicklungsdiktatur zur »Schaffung des industriellen Kapitalismus« sei. Da dieser »industrielle Kapitalismus« in Deutschland bereits existiere, habe der Faschismus hier keine Chance, an die Macht zu kommen. Borkenaus These wurde durch die Geschichte grausam widerlegt: Sein Aufsatz erschien im Februar 1933.

Dem deutschen Pazifisten Karl Otten erging es nicht viel besser.[4] Als er 1942 im Londoner Exil seine These vom Faschismus als Produkt einer allgemeinen, keineswegs spezifisch deutschen »Krankheit der Moderne« vertrat, wurde London gerade von sicherlich »modernen«, aber doch unzweifelhaft deutschen Flugzeugen bombardiert. Deshalb fielen nicht seine Warnungen vor der Moderne schlechthin, sondern die Thesen eines Lord Robert Vansittart über den spezifisch deutschen Charakter des Nationalsozialismus auf fruchtbaren Boden.

Dies hat verschiedene Wissenschaftler nach 1945 nicht davon abgehalten, die Modernisierungsthese wieder aus der Versenkung hervorzuholen. 1965 war es der deutsche Soziologe Ralf Dahrendorf, der meinte, das Dritte Reich habe auf vielen Gebieten eine modernisierende Politik betrieben, um seine zutiefst reaktionären, ja archaischen Ziele zu erreichen.[5] Daher sei es letztlich zu einem zwar nicht intendierten, aber dennoch feststellbaren »Stoß in die Modernität« gekommen, durch den nach 1945 der Weg Deutschlands zu einer liberaldemokratischen Gesellschaft geebnet worden sei.

Der amerikanische Historiker David Schoenbaum ging noch einen Schritt weiter.[6] Er vertrat die These, daß die führenden Nationalsozialisten die Modernisierung der Gesellschaft nicht nur in Kauf genommen, sondern bewußt angestrebt hätten. Es sei daher zu einer »sozialen Revolution« der Mittel und Zwecke gekommen. Diese These wurde von dem bekannten NS-Forscher Henry A. Turner ausdrücklich bestätigt, ohne dafür allerdings ausreichende empirische Beweise vorzulegen.[7]

Dies ist auch Horst Matzerath und Heinrich Volkmann in einem sehr gründlichen und materialreichen Aufsatz nicht gelungen.[8] Daher kamen sie zu dem Ergebnis, daß die Modernisierungstheorie wenig geeignet sei, das Wesen des Nationalsozialismus zu erklären.[9] Schuld daran sei auch die mangelnde Trennschärfe der zentralen Begriffe »Modernisierung« und »modern«, was auch in anderen Überblicken über die Modernisierungstheorien ganz allgemein bemängelt wurde.[10]

Hinzu kommt die Frage, ob der Zeitraum von zwölf Jahren, von denen sechs noch dazu in die Zeit des Zweiten Weltkrieges fielen, überhaupt ausreicht, um wesentliche soziale (oder gar mentale) Wandlungen messen zu können.[11] Hätten diese auch dann stattgefunden, wenn es nicht zur Etablierung der nationalsozialistischen Diktatur gekommen wäre? Außerdem muß man vor der Überschätzung der »modernen« Aspekte des Dritten Reiches warnen. Handelte es sich doch vielfach um eine »vorgetäuschte Modernisierung«, die mehr in der Propaganda als in der Wirklichkeit stattfand.[12] Schließlich ist zu fragen, ob ein »Rassenstaat«, der im Innern eine »Reinigung des Volkskörpers« und im außenpolitischen Bereich die Errichtung einer hierarchischen Rassenordnung anstrebte,[13] wirklich mit dem immer noch positiv besetzten Begriff »modern« charakterisiert werden darf.

Detlev Peukert ist diesem Problem in seiner anregenden Studie über »Volksgenossen und Gemeinschaftsfremde« aus dem Wege gegangen, weil er (ähnlich wie der oben erwähnte Karl Otten) eindringlich auf die negativen Aspekte und Begleiterscheinungen von allgemeinen Modernisierungsprozessen hinwies.[14] Dies treffe vor allem auf das Dritte Reich zu, das insofern Beispiel und Symptom einer allgemeinen »Krankengeschichte der Moderne« gewesen sei. Um das Ziel einer »Formierung einer ideologisch homogenen, sozial angepaßten leistungsorientierten und hierarchisch gegliederten Gesellschaft« zu erreichen, hätten die Nationalsozialisten neben den Juden auch die Sinti und Roma, »Erbkranken« und »Asozialen« aus der »Volksgemeinschaft« ausgeschlossen und gnadenlos verfolgt. Dem ist zuzustimmen. Doch was hatte die nationalsozialistische Rassenpolitik mit der allgemeinen, auch in anderen Ländern anzutreffenden »Krankengeschichte der Moderne« zu tun?[15]

Dieses Dilemma ist auch dann nicht gelöst, wenn man wie der amerikanische Historiker Jeffrey Herff der »guten demokratischen« die »reaktionäre Moderne«[16] oder gar wie Rainer Zitelmann die »totalitäre Seite der Moderne«[17] gegenüberstellt. Die Frage bleibt: Warum in Deutschland? Die deutschen Voraussetzungen (und die deutsche Verantwortung) für den Holocaust werden meines Erachtens auch von dem polnischen Soziologen Zygmunt Baumann übersehen.[18]

Baumann geht davon aus, daß der »moderne Staat« schlechthin darauf abziele, die »beherrschten Bevölkerungen einer gründlichen Kontrolle zu unterwerfen, um sie in eine ordentliche Gesellschaft zu transformieren, die den Vorschriften der Vernunft entsprach«.[19] Baumann vergleicht und bezeichnet den modernen Staat daher als einen »Gartenbau-betreibenden-Staat«, eben weil der Staat wie ein »Gärtner« bemüht sei, die »nützlichen« Elemente zu fördern, die negativen auszujäten und die Bevölkerung durch biologische und soziale Maßnahmen so umzugestalten und zu kontrollieren, wie es seinem Ideal von »Vollkommenheit« entspräche.[20] Dies gelte insbesondere für die Lösung der »sozialen Probleme« und für die Herstellung einer homogenen, gesunden und leistungsfähigen Gesellschaft, was die Ausscheidung und Ausrottung der Fremden, Kranken und »Asozialen« mit einschließe.

Wenn Baumann damit den nationalsozialistischen »Rassenstaat« meint, so ist ihm zweifellos zuzustimmen. Doch Baumann zählt auch kommunistische und generell alle modernen zu diesen »Gartenbau treibenden Staaten«. Damit erkennt er dem Holocaust keinerlei Besonderheit zu. Nicht die Deutschen, sondern »die Moderne macht den Holocaust möglich«. »Die Moderne ist zwar nicht die hinreichende Ursache des Genozids, aber ihre notwendige Bedingung.«[21] In einem »Zeit«-Interview hat Baumann dann ganz dezidiert erklärt, daß der Holocaust weder spezifisch deutsch noch »einmalig« sei, sondern durch die »Ambition der Moderne, eine vollkommene Welt zu schaffen«, hervorgerufen worden sei.[22] Genau dies hat dann Daniel Goldhagen energisch bestritten, ohne sich jedoch näher mit diesen und den anderen Varianten der Modernisierungsthese zu beschäftigen.

Dies gilt auch für verschiedene Untersuchungen, die dem Ziel dienten, die Modernisierungsthese zu bestätigen, indem verschiedene Befragungen von Zeitgenossen mit Hilfe der Methode der sogenannten »oral history« (mündliche Geschichte) vorgenommen wurden. Erbrachten sie doch das vermutlich erwartete Ergebnis, daß die NS-Zeit keineswegs so negativ empfunden worden ist, wie man dies angesichts der Verbrechen dieses Regimes hätte annehmen müssen.[23] Die Überwindung der Arbeitslosigkeit (im Zeichen der Aufrüstung!) sowie verschiedene soziale Maßnahmen des Regimes (die politischen Gegnern und rassischen Opfern selbstverständlich vorenthalten wurden!) wurden noch im nachhinein so positiv bewertet, daß die ersten Jahre des Dritten Reiches geradezu als eine »goldene Zeit« empfunden wurden. »Schlecht« sei es erst nach der Niederlage von Stalingrad und dem Beginn des Bombenkrieges auf deutsche Städte geworden. Die eigentlich »schlechte Zeit« sei dann die unmittelbare Nachkriegszeit gewesen, die schließlich in den fünfziger Jahren von der »guten« des »Wirtschaftswunders« abgelöst worden sei.

Einige Sozialhistoriker schlugen nun vor, diesen Empfindungen der Zeitgenossen zu folgen und eine neue Epocheneinteilung vorzunehmen. Statt wie bisher die Geschichte des Dritten Reiches scharf von der der Weimarer Republik und der nachfolgenden Bundesrepublik abzugrenzen, machten sie den Vorschlag, die Zeit »von Stalingrad bis zur Währungsreform«, also von 1942 bis 1948, deutlich von den dreißiger und fünfziger Jahren abzuheben, in denen es jeweils zu bedeutenden wirtschaftlichen Aufschwüngen gekommen sei.[24]

Der Nationalsozialismusforscher Martin Broszat schloß sich diesem Vorschlag an und forderte darüber hinaus dazu auf, das Dritte Reich mehr zu »historisieren« als moralisch zu bewerten.[25] Daraufhin warf ihm der israelische Historiker Saul Friedländer vor, die Schrecken des NS-Staates relativieren zu wollen.[26] Dieser Vorwurf traf den 1989 verstorbenen Broszat zweifellos zu Unrecht. Anders ist es jedoch mit einigen anderen Autoren, die seit Mitte der achtziger Jahre in der Tat eine »Entsorgung der deutschen Vergangenheit« anstreben, wobei sie die Begriffe der »Historisierung« und »Modernisierung« zu einer Art Zauberformel verbunden haben, mit der sie die Schrecken des Dritten Reiches relativieren wollen.

Den Anfang machte Rainer Zitelmann, der schon 1987 in seiner Dissertation die These vertrat, daß Hitler von seinem »Selbstverständnis« her ein »Revolutionär« gewesen sei.[27] Diese mehr als verblüffende These begründete er einmal mit einer sehr weit gefaßten Definition des Begriffs »Revolution«, der aller »normativen Elemente entkleidet« und mit dem der »Modernisierung« gleichgesetzt wurde, welcher wiederum weder definiert noch begründet wurde.

Hinzu kam zweitens ein sehr problematischer, weil völlig kritikloser Umgang mit den Quellen. Ohne die Regeln der inneren und äußeren Quellenkritik (in der ersten Auflage wurden selbst gefälschte Hitler-Zitate verwandt) zu beachten, wurden alle möglichen Äußerungen Hitlers, die er in »Mein Kampf« und in weiteren Schriften gemacht oder die er Dritten gegenüber gemacht haben soll (!), zusammengestellt, um zu beweisen, daß Hitler ein »Sozialrevolutionär« gewesen sei. Damit nicht genug, schloß Zitelmann von diesen tatsächlichen oder auch nur angeblichen Worten Hitlers auf die Wirklichkeit des Dritten Reiches, das, wie er in einem weiteren kleinen Buch schrieb, »auf verschiedenen sozialpolitischen Gebieten beachtliche Fortschritte« gebracht und insgesamt eine »modernisierende Funktion« gehabt habe.[28]

In einem Sammelband, den Zitelmann 1990 zusammen mit dem Sozialhistoriker Michael Prinz herausgab,[29] wurde dieses »Modernisierungs«-Konzept weiter ausgeführt, obwohl es, wie bereits erwähnt, in der Nationalsozialismusforschung auf scharfe Kritik gestoßen war. Allerdings wiesen einige der Beiträger auch auf seine Grenzen hin und verwahrten sich gegen den Versuch, damit die Schrecken des Dritten Reiches zu relativieren oder gar zu leugnen.[30]

Zitelmann dagegen, der inzwischen eine Gruppe von gleichgesinnten neurechten Historikern und Publizisten um sich gesammelt hatte, verband den Begriff der »Modernisierung« mit der von Broszat vorgeschlagenen und mißverständlich formulierten Forderung nach einer »Historisierung« des Nationalsozialismus zu einer Art Zauberformel, um endlich, wie dies schon Nolte vorgeschlagen hatte, aus dem »Schatten der Vergangenheit« heraustreten zu können. Diesem Ziel diente ein weiterer Sammelband, der diese Absicht schon im Titel ankündigt: »Die Schatten der Vergangenheit – Impulse zur Historisierung des Nationalsozialismus«.[31] Tatsächlich geht es um nichts anderes als eine »Relativierung« und »Verharmlosung« des Dritten Reiches, was die Herausgeber Backes, Jesse und Zitelmann zwar in ihrem einleitenden programmatischen Aufsatz abstreiten, aber dennoch auf vielfältige Weise tun:[32]

So wenn sie den »Angehörigen der älteren Generation« recht geben, wonach der »Nationalsozialismus (...) nicht nur schlechte, sondern auch gute Seiten gehabt« habe.[33] So wenn sie behaupten, daß die »neuere Forschung belegt« habe,[34] daß das Dritte Reich eine »in mancher Hinsicht durchaus progressive Sozialpolitik« betrieben habe,[35] wobei sie vor allem auf Robert Ley hinweisen, der diese »in manchen Bereichen fortschrittliche, auf ›Chancengleichheit‹ für die Angehörigen der ›deutschen Volksgemeinschaft‹ zielende Sozialpolitik« initiiert hat.[36] So wenn sie hier das Schicksal der von den Nationalsozialisten nicht zur »Volksgemeinschaft« gerechneten »Volksschädlinge« einfach übergehen und geradezu frech behaupten, daß schließlich nur eine »Minderheit (!) von ›rassisch‹ Ausgegrenzten, politisch Oppositionellen und anderen Randgruppen verfolgt, gedemütigt und letztlich ›ausgemerzt‹« worden sei.[37] 300.000 Opfer der »Euthanasie«-Aktion, 500.000 Sinti und Roma und mehr als sechs Millionen ermordete Juden – für diese jungen Revisionisten sind das alles nur »Minderheiten« und »Randgruppen«!

Kritikern, die die These von der »gewollt modernisierenden Wirkung des NS-Regimes«[38] bezweifeln und die sich vor allem an der schnoddrigen Sprache stören, mit der die angeblich so »guten Seiten« des NS-Regimes und die »progressive« und »fortschrittliche« Politik dieses »Rassenstaates« gefeiert werden, bezichtigen diese Revisionisten »volkspädagogischer« Motive,[39] um diese Historiker dann zu belehren, wie notwendig »Objektivität«[40] und »Distanz zum Objekt der Analyse« sei.[41] Doch gehört es zu den Aufgaben einer seriösen und um Objektivität bemühten Geschichtswissenschaft, die »Rituale einer falschen Unterwürfigkeit« zu überwinden?[42] Sollen Historiker wirklich eine »Normalisierung« der NS-Zeit in »unserem Geschichtsbewußtsein« anstreben?[43] Nein, diese Autoren reden in der Tat einer »Geschichtspolitik das Wort« und streben nach einer »kulturellen Hegemonie«, die nur dann zu erreichen ist, wenn der Nationalsozialismus seiner Funktion als »Negativfolie« enthoben und ihm »progressive« und »moderne« Aspekte bescheinigt werden.[44]

Genau diesem Ziel hat sich auch der neurechte Ideologe Karlheinz Weißmann in verschiedenen Publikationen gewidmet, die zunächst in rechtsradikalen Zeitschriften und Verlagen und dann im bis dahin angesehenen Ullstein Verlag erschienen.[45] Weißmann will ein scheinbar neues Geschichtsbild, welches in Wirklichkeit das alte ist, was schon in dem Titel eines seiner Bücher zum Ausdruck kommt, das einen »Rückruf in die Geschichte« proklamiert.[46] Dazu muß die »Vergangenheitsbewältigung« bekämpft und beendet werden,[47] die mit der »Umerziehungs«-Politik amerikanischer Politiker begonnen habe, von denen nicht zufälligerweise verschiedene jüdischer Herkunft gewesen seien.[48] Doch um diese »Anomalie der geistigen Situtation« zu überwinden[49] und um die »Renaissance des Nationalbewußtseins« voranzutreiben,[50] muß die nationalsozialistische Vergangenheit im wörtlichen Sinne bewältigt und »entschuldet« werden. Diesem Ziel dient die Behauptung, daß »Modernität« der »Schlüssel« des Erfolges der NSDAP gewesen sei und »Modernität (...) auch nach Hitlers Machtergreifung ein wesentliches Moment nationalsozialistischer Gesellschaftspolitik« gewesen sei.[51] Wenn diese Sicht des Dritten Reiches durchgesetzt ist, müssen die

»Nostalgiker mit ihren überständigen Beschwörungsformeln und ihrer Rückwärtsgewandtheit abtreten« und den Weg für eine »Erneuerung der politische(n) Klasse« freigeben.[52]

Ein weiterer Schritt auf diesem Weg ist der Band neun der angesehenen »Propyläen Geschichte Deutschlands« über das Dritte Reich, den Weißmann auf Vermittlung Zitelmanns statt des renommierten NS-Forschers Hans Mommsen schreiben durfte. Hier wird der nationalsozialistische Rassenstaat ohne Wenn und Aber als »Sozialstaat« bezeichnet, in dem es ein ausgesprochenes »Wirtschaftswunder« gegeben habe.[53] Er weise »keine signifikante Abweichung von der allgemeinen Tendenz« zu diesem »Sozialstaat« auf.[54] Dies gelte vor allem für die »Bürokratisierung, Professionalisierung und Verrechtlichung der Wohlfahrtspflege«.[55] Die »Rolle der Frauen« sei selbst in den Berichten der Sopade als »gut« bewertet worden.[56] Im Schulwesen habe es eine »Aufstiegsmobilität« gegeben, die fast doppelt so hoch wie in der Weimarer Republik gewesen sei[57] etc.

Nachdem Weißmann noch ausführlich die modernisierenden und wohltätigen Aktivitäten von NSV[58] und KdF[59] gewürdigt hat, kommt er zu folgendem Schluß: »Die gesellschaftliche Entwicklung zwischen 1933 und 1945 wurde von den meisten Zeitgenossen als beschleunigte Veränderung wahrgenommen. Trotz der archaischen Elemente in der Selbstdarstellung des Regimes und trotz der vordergründigen Restauration älterer Wertvorstellungen, fand tatsächlich ein Modernisierungsprozeß statt. Die Auflösung überlieferter Lebenswelten und sozialer Zusammenhänge war gewollt. Die Modernisierung vollzog sich nicht unbeabsichtigt.«[60]

Dies ist Revisionismus pur, der sich jedoch als Wissenschaft tarnt. Doch diese Mimikry ist nicht leicht zu durchschauen. Schließlich ist das Buch von einem bisher als seriös geltenden Verlag in einer angesehenen Reihe herausgebracht worden, in der verschiedene sehr renommierte Fachhistoriker geschrieben haben.[61]

Der von Weißmann, Zitelmann und anderen vertretene, »gemäßigte« Revisionismus ist möglicherweise noch gefährlicher, auf jeden Fall viel wirkungsvoller als die Thesen der »radikalen Revisionisten«, die Ausmaß und Existenz des nationalsozialistischen Rassenmordes bezweifeln.[62] Kann diese »Relativierung-durch-Modernisierungs«-Methode doch an das Bild des Dritten Reiches anknüpfen, das von der nationalsozialistischen Propaganda entworfen worden ist. Hier wurden statt der in der Ideologie reichlich vorhandenen archaisch wirkenden nationalistischen und rassistischen Elemente mehr die spezifisch modernen, ja zivilen und friedlichen Aspekte betont.

Dieser, wie es Peter Reichel genannt hat, »schöne Schein des Dritten Reiches«[63] wurde vor allem in Spielfilmen verbreitet, wobei die scheinbar unpolitischen die wirkungsvollsten waren, weshalb ihr Anteil an der gesamten Filmproduktion des Dritten Reich immer weiter anstieg.[64] So können von den im Jahr 1943 hergestellten 74 Filmen 68 nicht als Propagandafilme im engeren Sinne, sondern als scheinbar unpolitische Unterhaltungsfilme eingestuft werden. Viele dieser Filme wurden nach 1945 völlig ungekürzt und unkommentiert zunächst in den Kinos, dann im Fernsehen ständig gezeigt. Dies war übrigens in beiden deutschen Staaten so.

Dieses keineswegs unwichtige Detail unterstreicht den allgemeinen Befund, daß der, um noch einmal Reichels Buchtitel zu zitieren, »schöne Schein des Dritten Reiches« den Untergang dieses beispiellosen »Rassenstaates« zumindest in Deutschland überlebt hat.[65] Möglich wurde dies durch die Abtrennung des Rassenmordes von den angeblich so »progressiven« Aspekten im Bereich der Kultur- und Sozialpolitik. Während man Auschwitz und den Rassenmord bewußt und systematisch verdrängte, hielt man die Erinnerung an die Autobahnen und die übrigen »Leistungen« und »Errungenschaften« des faschistischen Terrorstaates bewußt wach.

Maßgebend daran beteiligt waren auch verschiedene ehemalige Funktionsträger, die sich in ihren Memoiren ganz darauf konzentrierten, die angeblich positiven und modernisierenden Ziele und Wirkungen des Dritten Reiches zu betonen, wobei sie sich ihrer eigenen »Verdienste« noch rühmten. Dies gilt etwa für die ehemalige »Reichsfrauenführerin« Gertrud Scholtz-Klink, die einige ihrer zeitgenössischen Propagandaschriften mit einigen Kommentaren versah und unter dem bemerkenswerten Titel »Die Frau im Dritten Reich« veröffentlichte.[66] Hier rühmte sie die – wesentlich von ihr mitgetragene – nationalsozialistische Frauenpolitik als emanzipatorisch und »modern«, wobei sie sich bereits auf einige Vertreter der Modernisierungsdoktrin berufen konnte, die ebenfalls »moderne« Elemente in der nationalsozialistischen Frauenpolitik zu entdecken gemeint hatten.[67]

Als diese falsche und beschönigende Sicht von dem Verfasser eines Buches über die Geschichte des BDM nicht geteilt wurde,[68] griff die ehemalige »Reichsreferentin« des BDM, Jutta Rüdiger, zur Feder, um eine geharnischte »Richtigstellung« zu veröffentlichen, in der sie sich auch gegen einige kritische Töne in den Erinnerungen von Melitta Maschmann[69] wandte.[70] Um ihren Ansichten noch mehr Nachdruck zu verleihen, übergab Jutta Rüdiger dem Bundesarchiv in Koblenz verschiedene Materialien, die sie mit der folgenden »Gebrauchsanweisung« versah: »Seine (des BDM, W.W.) Erziehungsideale, sein nationales und soziales Engagement können nur aus der damaligen Zeit heraus verstanden und gewürdigt werden (...) Daß ihr freudiger Einsatzwille und ihre Hilfsbereitschaft einer inhumanen Politik gedient haben soll, war den Führerinnen und Mädeln des Bundes Deutscher Mädel unbekannt.«[71]

Etwas derartiges könnten alle Memoirenschreiber gesagt haben. Doch niemand von ihnen war so erfolgreich wie Albert Speer, der auch auf eine mehr als erfolgreiche Karriere im Dritten Reich zurückblicken konnte, als er 1969 seine »Erinnerungen« herausgab, denen 1975 die »Spandauer Tagebücher« und 1981 »Der Sklavenstaat« folgten.[72] Schließlich war Speer als Hitlers »Lieblingsarchitekt« für die Ausgestaltung der Reichsparteitage und des Reichsparteitagsgeländes zuständig, bevor er 1937 zum »Generalbaudirektor für die Reichshauptstadt« Berlin ernannt wurde, um 1942 die Nachfolge des tödlich verunglückten Fritz Todt als »Reichsminister für Bewaffnung und Munition« anzutreten.

Speer konnte sich wirklich rühmen, der Vertraute Hitlers gewesen zu sein, worauf er auch sichtbar stolz war. Zwar etwas distanziert, aber insgesamt doch ebenso stolz wies Speer zudem darauf hin, daß er für die wichtigsten propagandistischen Selbstinszenierungen des Dritten Reiches verantwortlich gewesen sei. Außerdem hob er hervor, daß es ihm in seiner Eigenschaft als Rüstungsminister gelungen sei, die deutsche Rüstungsproduktion noch bis Mitte 1944 zu steigern, als das von Speer so bezeichnete »Rüstungswunder« seinen Höhepunkt erreichte.[73] Allerdings war dies nur durch den rücksichtslosesten und brutalsten Einsatz des Millionenheeres der »Fremd«- und KZ-Arbeiter möglich gewesen, von denen viele jämmerlich zugrunde gingen. Gleichwohl war Speer auf dem Nürnberger Kriegsverbrecherprozeß nur zu 20 Jahren Haft verurteilt worden, die er bis zu seiner Entlassung im Jahre 1966 in Spandauer Gefängnis auch absaß. Hatte es Speer doch verstanden, das Gericht durch seine mehr als geschickte Verteidigungsstrategie zu überzeugen, die darin bestand, einerseits Reue zu zeigen,[74] andererseits aber jeweils immer nur das zuzugeben, was man ihm bereits nachgewiesen hatte.

An dieser Strategie hielt er auch in seinen Büchern fest, obwohl dieses Unterfangen von vornherein zum Scheitern verurteilt war. Denn wer konnte noch mehr wissen als der Rüstungsminister und engste Vertraute Hitlers? Dies ist ihm dann in einer Berliner Dissertation[75] und schließlich auch von seiner Biographin Gitta Serenyi[76] vorgehalten worden. Allerdings konnte so der »Mythos« Speer nicht entmythologisiert werden. Gerade Serenyis Buch zeichnet sich durch eine ebenso kritiklose wie teilweise schon peinlich wirkende Bewunderung ihres »Helden« aus. Doch dies ist nicht entscheidend.

Wichtig ist vielmehr, daß es Speer gelang, sowohl die hitleristischen wie modernisierungstheoretischen Deutungen des Dritten Reiches zu übernehmen und zugleich als seine eigenen »authentischen« Erlebnisse und Erfahrungen auszugeben. So machte Speer aus seiner Bewunderung für Hitler keinen Hehl, die so schwärmerisch wirkt, daß man fast den Eindruck gewinnt, hier würden gewisse homoerotische Momente mitschwingen.[77] Doch Speer hat sich nicht mit der erneuten Mythologisierug des »Führer-Mythos« begnügt,[78] gleichzeitig hat er den Mythos vom »modernen« Dritten Reich zwar nicht erfunden, aber zu beispielloser Vervollkommnung gebracht.[79] Dies gilt für seine Beschreibung der technokratischen, zweckrationalen und angeblich ideologiefreien Elemente vor allem im Bereich der Wirtschaftspolitik des Dritten Reiches, in der eine weitgehende »Selbstverwaltung« geherrscht haben soll.[80] Durch diese Betonung des politikfernen und zugleich effektiven Charakters der deutschen Wirtschaft werden einmal die übrigen Wirtschaftstechnokraten und -bosse entlastet. Darüber hinaus werden Speers »Erfolge« in ein noch helleres Licht getaucht, wobei gleichzeitig suggeriert wird, daß er an den Verbrechen nicht beteiligt war und auch nicht beteiligt sein konnte, weil er kein Ideologe oder gar Mörder, sondern ein Technokrat und Manager war. Tatsächlich konnte Speer seine Selbstdarstellung mit dem Hinweis auf einen Artikel belegen, der 1944 in einer englischen Zeitschrift erschien und in dem Speer als ein Repräsentant der »Revolution der Manager« bezeichnet wurde.[81]

In wirklich unnachahmlicher Weise hat Speer dann beide Mythen in dem folgenden Satz miteinander verbunden, durch den die Schrecken des Dritten Reiches mit dem Hinweis auf die dämonische Gestalt Hitlers und die Dämonie der Technik in einer Weise erklärt werden, durch die alle sonstigen Verantwortlichen völlig exkulpiert werden: »Das verbrecherische Geschehen dieser Jahre war nicht nur die Folge der Persönlichkeit Hitlers. Das Ausmaß dieser Verbrechen war gleichzeitig darauf zurückzuführen, daß Hitler sich als erster für ihre Vervielfachung der Mittel der Technik bedienen konnte.«[82]

Doch man darf Speer und die übrigen Memoirenschreiber auch nicht überschätzen. Sie wären nie so erfolgreich geworden, wenn es nicht gegen Ende der sechziger Jahre in der gesamten westlichen Welt zu einer grundlegenden Veränderung des Bildes des Dritten Reiches gekommen wäre.[83] Bis dahin hatte der »Nazismus« als »die fluchbeladene Seite der abendländischen Zivilisation« und »der Inbegriff alles Bösen« gegolten.[84] Verbunden war dies mit einem weit verbreiteten »Schweigen«, das sowohl bei den überlebenden Opfern anzutreffen war, die über ihre schrecklichen Erlebnisse nicht sprechen konnten, während die Täter aus naheliegenden Gründen nicht bereit waren, über ihre Taten und ihre Schuld zu sprechen.[85] Erst in den sechziger Jahren wurde der Prozeß der Verdrängung beendet. Das Interesse an der NS-Zeit wurde neu geweckt und intensiviert.

Doch diese Entwicklung hatte neben vielen positiven auch einige problematische Aspekte. Entdeckt, geweckt und zugleich für kommerzielle Zwecke ausgebeutet wurde nämlich auch, das, was Susan Sontag als das »Faszinierende« am Faschismus bezeichnet hat. Während Sontag die Faszination des Faschismus in der Verbindung von Schönheit und Gewalt sieht, hat Saul Friedländer in seinem schon mehrfach erwähnten Essay die These vertreten, daß der »ästhetische Reiz« des Faschismus-Bildes durch den »Gegensatz zwischen Kitsch-Harmonie und permanenter Beschwörung der Themen Tod und Zerstörung« ausgelöst werde.[86] Diese These, die Friedländer an Beispielen aus der Historiographie, Belletristik und vor allem des Films meines Erachtens überzeugend bewiesen hat, soll hier nicht näher ausgeführt werden.

Friedländer sowie Peter Reichel, der Friedländers Gedanken näher ausgeführt hat, haben jedoch einen fast schon banal wirkenden Tatbestand übersehen. Der »ästhetische Reiz« des Dritten Reichs geht nicht von seinen rückwärtsgewandten, sondern von seinen »modernen« Elementen aus. Dafür sorgen bereits die Bilder und Filme, die in diesem Zusammenhang gezeigt werden. Handelt es sich doch dabei fast ausschließlich um Produkte der nationalsozialistischen Propaganda, die, wie bereits erwähnt, sehr darauf bedacht war, die »modernen« Aspekte des Dritten Reiches ins rechte Licht zu rücken, ohne daß dabei die aggressiven und gewaltverherrlichenden unterdrückt wurden. Diese Propagandabilder bekommen wir in den vorgeblichen »Dokumentarfilmen« über Hitler und das Dritte Reich zu sehen, wie sie Joachim C. Fest, Guido Knopp[87] und viele andere hergestellt bzw. zu verantworten haben. Der damit suggerierte Eindruck, das Dritte Reich sei zwar schrecklich, aber auch sehr effektiv und modern gewesen, wird dann durch die Zeitzeugen noch zusätzlich bekräftigt, weil sie in ihren mündlichen und schriftlichen Erinnerungen in der Regel ebenfalls nur von den »modernen«, ja positiven Aspekten des Dritten Reiches zu berichten wissen.

Dieser von vielen, keineswegs nur nationalsozialistischen Zeitzeugen geradezu gepflegte »schöne Schein des Dritten Reiches« wurde nach 1945 keineswegs zerstört, sondern in einer fast schon systematisch zu nennenden Weise gestärkt, weshalb die extrem verharmlosenden Bemerkungen von Backes, Jesse, Zitelmann und vor allem Weißmann über die »progressive Sozialpolitik« des nationalsozialistischen »Rassenstaates« nur von wenigen kritisiert und von vielen geglaubt wurden, zumal es dieses Bild ist, das in den deutschen Medien verbreitet wird.

Daher war es kein Zufall, daß sich die deutschen Hersteller und Konsumenten dieses geschönten Bildes des Dritten Reiches durch Goldhagens Buch geradezu brüskiert fühlten, weil der nationalsozialistische »Rassenstaat« seiner angeblich »modernen« Elemente völlig entkleidet wurde und weil der Holocaust nicht als »Produkt der Moderne«, sondern als spezifisch »deutsches Projekt« charakterisiert wurde. Bei der Goldhagen-Kontroverse stießen daher völlig divergierende Sichtweisen auf das Dritte Reich aufeinander, was ihre Heftigkeit erklärt.

Anmerkungen

1 Zum folgenden: Wippermann, Faschismustheorien, 5. Aufl., S. 80 ff.; ders. und Michael Burleigh, The Third Reich: Racial State, Class State, Modern State?, in: The Britisch Journal of Holocaust Education 1, Nr. 2, 1992, S. 185–201; ders., Wie »modern« war das Dritte Reich?, in: Wissenschaftliche Zeitschrift für Architektur und Bauwesen, Weimar Jg. 38, 1993, Reihe A: Heft 1/2, S. 69–72; ders., Das Dritte Reich: Produkt oder Bruch der Moderne? Zur Kritik von modernisierungstheoretischen Ansätzen in der Faschismus-Diskussion, in: Helle Panke (Hrsg.), 30. Januar 1933 – Kontinuitäten und Brüche, Berlin 1993, S. 5–16; ders., Revisionismus light. Zur Modernisierung und vergleichenden Verharmlosung des »Dritten Reiches«, in: Brigitte Bailer-Galanda/Wolfgang Benz/Wolfgang Neugebauer (Hrsg.), Die Auschwitzleugner. »Revisionistische« Geschichtslüge und historische Wahrheit, Berlin 1996, S. 237–251.

2 Gemeint sind vor allem die oben, S. 12 schon erwähnten Werke Hermann Rauschnings und Waldemar Gurians.

3 Franz Borkenau, Zur Soziologie des Faschismus, in: Archiv für Sozialwissenschaft und Sozialpolitik 68, 1933, abgedruckt bei: Ernst Nolte (Hrsg.), Theorien über den Faschismus, Berlin 1967, S. 156–181.

4 Karl Otten, Geplante Illusionen. Eine Analyse des Faschismus, Frankfurt/M. 1989 (zuerst: London 1942).

5 Ralf Dahrendorf, Gesellschaft und Demokratie in Deutschland, München 1965.

6 David Schoenbaum, Die braune Revolution. Eine Sozialgeschichte des Dritten Reiches, Köln 1968 (engl: The Social Revolution, New York 1966).

7 Henry Ashby Turner, Faschismus und Anti-Modernismus, in: ders., Faschismus und Kapitalismus in Deutschland, Göttingen 1972, S. 157–182.

8 Horst Matzerath/Heinrich Volkmann, Modernisierungstheorie und Nationalsozialismus, in: Jürgen Kocka (Hrsg.), Theorien in der Praxis des Historikers, Göttingen 1977, S. 86–116.

9 Zu einem insgesamt doch eher negativen Ergebnis gelangte auch der NS-Experte Karl Dietrich Bracher: Karl Dietrich Bracher, Tradition und Revolution im Nationalsozialismus, in: ders., Zeitgeschichtliche Kontroversen. Um Faschismus, Totalitarismus, Demokratie, München 1976, S. 62–78.

10 Peter Flora, Modernisierungsforschung. Zur empirischen Analyse der gesellschaftlichen Entwicklung, Opladen 1974; Hans-Ulrich Wehler, Modernisierungstheorie und Geschichte, Göttingen 1975.

11 Dazu die sehr informative Studie von: Werner Abelshauser/Anselm Faust, Wirtschafts- und Sozialpolitik. Eine nationalsozialistische Sozialrevolution, Tübingen 1983 (= Nationalsozialismus im Unterricht, Studieneinheit 4, Deutsches Institut für Fernstudien an der Universität Tübingen).

12 Hans Mommsen, Nationalsozialismus als vorgetäuschte Modernisierung, in: Walther H. Pehle (Hrsg.), Der historische Ort des Nationalsozialismus. Annäherungen, Frankfurt/M. 1990, S. 31–46, S. 37: »Zwar nahm die nationalsozialistische Propaganda vieles von dem vorweg, was heute als Errungenschaft des Daseinsvorsorgestaates erscheint; aber realisiert wurden davon nur deren destruktive Züge: die Eliminierung ›unnützer Esser‹, die Tötung ›lebensunwerten Lebens‹, die Liquidierung angeblich Asozialer und die Tendenz, die nicht mehr arbeitsfähige alte Bevölkerung beiseitezuschaffen.« Zu einem noch deutlicheren Urteil gelangte Günter Könke, »Modernisierungsschub« oder relative Stagnation? Einige Anmerkungen zum Verhältnis von Nationalsozialismus und Moderne, in: Geschichte und Gesellschaft 20, 1994, S. 584–608: »Der Nationalsozialismus hat den Modernisierungsprozeß in Deutschland nicht beschleunigt, sondern eher gehemmt.«

13 Mehr dazu bei Burleigh/Wippermann, The Racial State.

14 Detlev Peukert, Volksgenossen und Gemeinschaftsfremde. Anpassung, Ausmerze und Aufbegehren unter dem Nationalsozialismus, Köln 1982.

15 Intensive Diskussion dieser zentralen Frage in der Gedenkschrift für Peukert: Frank Bajohr/Werner Johe/Uwe Lohalm (Hrsg.), Zivilisation und Barbarei. Die widersprüchlichen Potentiale der Moderne. Detlev Peukert zum Gedenken, Hamburg 1991.

16 Jeffrey Herff, Reactionary modernism. Technology, culture and politics in Weimar and the Third Reich, Cambridge 1984.

17 Rainer Zitelmann, Die totalitäre Seite der Moderne, in: Michael Prinz/Rainer Zitelmann (Hrsg.), Nationalsozialismus und Moderne, Darmstadt 1991. Mehr zu diesem Buch siehe unten: S. 85

18 Zygmunt Baumann, Dialektik der Ordnung. Die Moderne und der Holocaust, Hamburg 1992; ders., Moderne und Ambivalenz. Das Ende der Eindeutigkeit, Hamburg 1992.

19 Baumann, Moderne und Ambivalenz, S. 35.

20 Ebenda, S. 45.

21 Ebenda, S. 69.

22 Helga Hirsch, Der Holocaust ist nicht einmalig, in: »Die Zeit« vom 23. April 1993.

23 Lutz Niethammer (Hrsg.), »Die Jahre weiß man nicht, wo man die heute hinsetzen soll«. Faschismuserfahrung im Ruhrgebiet, Bonn 1983.

24 Martin Broszat u.a., Von Stalingrad bis zur Währungsreform. Zur Sozialgeschichte des Umbruchs in Deutschland, München 1988.

25 Martin Broszat, Nach Hitler. Der schwierige Umgang mit unserer Geschichte, München 1986, bes. S. 159 ff.

26 Broszat hat sich gegen diesen Vorwurf auch gewehrt. Zu dieser Kontroverse: Martin Broszat/Saul Friedländer, Dokumentation. Ein Briefwechsel um die Historisierung des Nationalsozialismus, in: Vierteljahreshefte für Zeitgeschichte 36, 1988, S. 339–372.

27 Rainer Zitelmann, Hitler. Selbstverständnis eines Revolutionärs, Stuttgart 1987. Vgl. zum folgenden auch die Kritik von: Karl Heinz Roth, Verklärung des Abgrunds. Zur nachträglichen »Revolutionierung« der NS-Diktatur durch die Gruppe um Rainer Zitelmann, in: 1999. Zeitschrift für Sozialgeschichte des 19. und 20. Jahrhunderts, H. 1, 1992, S. 7–11.

28 Rainer Zitelmann, Adolf Hitler. Eine politische Biographie, Göttingen 1989, S. 122. Dieses Büchlein ist besonders problematisch, weil hier ein hitlerzentristischer mit einem modernisierungstheoretischen Ansatz verbunden wird.

29 Michael Prinz/Rainer Zitelmann (Hrsg.), Nationalsozialismus und Modernisierung, Darmstadt 1991.

30 Eine scharfe Kritik dieser in dem Band enthaltenenen Tendenzen in der Rezension von: Christoph Dipper, Modernisierung und Nationalsozialismus, in: Neue Politische Literatur 36, 1991, S. 450–456.

31 Uwe Backes/Eckhard Jesse/Rainer Zitelmann (Hrsg.), Die Schatten der Vergangenheit – Impulse zur Historisierung des Nationalsozialismus, Frankfurt/M. 1990.

32 Uwe Backes/Eckhard Jesse/Rainer Zitelmann, Was heißt »Historisierung« des Nationalsozialismus, in: dies. (Hrsg.), Die Schatten der Vergangenheit, S. 25–57, S. 25.

33 Ebenda, S. 41.

34 Diese Bemerkung ist falsch. Nur einige, keineswegs alle Sozialhistoriker vertreten diese These. Vgl. die Hinweise bei: Könke, »Modernisierungsschub« oder relative Stagnation?, S. 586 ff.

35 Ebenda. Vgl. dazu den Artikel »NS-Gemeinschaft ›Kraft durch Freude‹« im revisionistischen »Lexikon Deutsche Geschichte«, S. 316 f., in dem es heißt, daß die »Leistungen des KdF (...) wesentlich mit dazu (beitrugen), viele deutsche Arbeiter für die NSDAP zu gewinnen, das Klassenkampfdenken zu überwinden und den Großteil der Deutschen in eine Volksgemeinschaft einzubinden«.

36 Ebenda, S. 41. Vgl. dazu die fast identischen Bemerkungen zu Ley in dem revisionistischen »Lexikon Deutsche Geschichte«, S. 253, wo es heißt, daß Ley »wesentliche Verbesserungen am Arbeitsplatz, für die Freizeit und die Mitbestimmung der deutschen Arbeiter« bewirkt habe. Der Verfasser beruft sich hier auf Smelser und Zitelmann. Der – se-

riöse – Historiker Wolfgang Zollitsch weist in seiner Studie über »Arbeiter zwischen Weltwirtschaftskrise und Nationalsozialismus. Ein Beitrag zur Sozialgeschichte der Jahre 1928 bis 1936«, Göttingen 1990, bes. S. 243 f. jedoch darauf hin, daß von einer »Chancengleichheit« nicht die Rede sein könne.

37 Ebenda, S. 61.

38 Ebenda, S. 42. Die These von der »gewollten Modernisierung« ist eine in der Wissenschaft umstrittene These, keine feststehende Tatsache!

39 Ebenda, S. 36. Der Begriff »volkspädagogisch« stammt aus einem Brief Golo Manns an den Reichstagsbrandforscher Fritz Tobias. Meines Wissens hat ihn kein seriöser Historiker jemals benutzt. Dennoch wird er von diesen Revisionisten wie eine Waffe benutzt und ist zu einem wirklichen Schlagwort geworden.

40 Zur Kritik dieses platten Objektivitäts-Ideals: Saul Friedländer, Kitsch und Tod. Der Widerschein des Nazismus, München 1984, S. 129: »Eine ›objektive Synthese‹ wird entweder zur reinen Chronik oder ist ein auch theoretisch unerreichbares Ziel. Explizit und implizit muß sich jede Schilderung der Vergangenheit auf ein Wertsystem stützen, und letzten Endes ist eine solche Schilderung nicht nur ein Bild dieser Vergangenheit, sondern auch ein Spiegel der Gesellschaft, in der diese Schilderung entstanden ist.«

41 Backes/Jesse/Zitelmann, Was heißt »Historisierung«, S. 27. Hier weisen Backes und Jesse sichtlich stolz darauf hin, daß sie Anfang der achtziger Jahre im Auftrag des Bundesministeriums des Innern an der »empirischen Erforschung des Terrorismus« mitgewirkt haben, was sie übrigens in ihren damals veröffentlichten Arbeiten nicht angegeben haben (ebenda, S. 39).

42 Ebenda, S. 29. Hier zitieren sie zustimmend einen Ausspruch von Joachim Fest.

43 Ebenda, S. 27. Sie zitieren hier aus einem Aufsatz Martin Broszats aus dem Jahr 1985. Gegen diese Indienstnahme durch Zitelmann und Co. kann sich der 1989 gestorbene Broszat nicht wehren. Vgl. dazu auch die scharfe Kritik von: Norbert Frei, Wie modern war der Nationalsozialismus?, in: Geschichte und Gesellschaft 19, 1993, S. 367–387.

44 Ebenda, S. 50.

45 Zu seinen Zielen und Strategien hat sich Weißmann im folgenden Aufsatz geäußert: Karlheinz Weißmann, Neokonservativismus in der Bundesrepublik? Eine Bestandsaufnahme, in: Criticón 96, Juli/August 1986, S. 176–179. Zu Errichtung der »kulturellen Hegemonie« empfiehlt er »politische Mimikry« als Taktik.

46 Karlheinz Weißmann, Rückruf in die Geschichte. Die deutsche Herausforderung, Berlin 1992.

47 Ebenda, S. 41. Hier setzt er den »Antifaschismus« in der DDR mit der »Vergangenheitsbewältigung« in der Bundesrepublik gleich. Siehe auch S. 145, wo es heißt: »Die NS-Vergangenheitsbewältigung war für den westdeutschen Staat ein Teil seiner Identität geworden. Sie band in einem erheblichem Umfang geistige Energien und diente gleichzeitig als Waffe im politischen Tageskampf. Mit dem drohenden Hinweis, daß immer noch nicht ausreichend ›bewältigt‹ wurde, hat man das Kollektiv schließlich in einen Zustand gebracht, der bei einem einzelnen Straftäter niemals geduldet würde: permanenter Verdacht trotz erwiesenen Wohlverhaltens, Fortschreibung der Buße ad infinitum.«

48 Ebenda, S. 31.

49 Ebenda, S. 49.

50 Ebenda, S. 103. Diese nationalistische Zielsetzung bestimmt, wie oben, S. 47 f. schon erwähnt, auch die Diskussion über die deutsche »Mittellage«.

51 Ebenda, S. 86.

52 Ebenda, S. 155. Weißmann beruft sich hier auf den italienischen Marxisten Antonio Gramsci (1891–1937). Vgl. seine positiven Kommentare zu Gramscis Konzept der »kulturellen Hegemonie« auf S. 152.

53 Karlheinz Weißmann, Der Weg in den Abgrund. Deutschland unter Hitler 1933 bis 1945, Berlin 1995 (= Propyläen Geschichte Deutschlands Bd. 9), S. 154 ff. Dagegen ist von der

seriösen Forschung eindeutig nachgewiesen worden, daß die Überwindung der Arbeitslosigkeit Folge der »Rüstungsoffensive« war. Vgl. mit weiteren Literaturhinweisen: Könke, »Modernisierungsschub« oder relative Stagnation?, S. 586 ff.

54 Ebenda, S. 172.

55 Tatsächlich wurde im Bereich der Sozialpolitik das Leistungsniveau der Weimarer Republik nicht wieder erreicht. Vgl. u.a.: Tilla Siegel, Lohnpolitik im nationalsozialistischen Deutschland, in: Cornelia Sachse u.a., Angst, Belohnung, Zucht und Ordnung. Herrschaftsmechanismen im Nationalsozialismus, Opladen 1982, S. 54–139.

56 Ebenda, S. 181. Dies ist völliger Unsinn, was eindeutig und übereinstimmend in der neueren Forschung über die Lage der Frauen im Dritten Reich auch nachgewiesen worden ist.

57 Ebenda, S. 178. Wie bereits erwähnt, ist auch dies falsch. Vgl. mit weiterführenden Literaturhinweisen: Könke, »Modernisierungsschub« oder relative Stagnation?, S. 591 ff.

58 Die NSV beteiligte sich weit mehr an der rassenideologischen Selektion als an der sozialpolitischen Verbesserung der Lage der Bevölkerung. Vgl. dazu: Herwart Vorländer, Die NSV. Darstellung und Dokumentation einer nationalsozialistischen Organisation, Boppard 1988.

59 Die tatsächlich erbrachten Leistungen von DAF und KdF sind von Smelser u.a. maßlos übertrieben worden. Die immer wieder gerühmten KdF-Reisen kamen keineswegs den Arbeitern, sondern weit mehr dem Mittelstand zugute. Vgl.: Hasso Spode, Arbeiterurlaub im Dritten Reich, in: Sachse u.a., Angst, Belohnung, Zucht und Ordnung, S. 275–328. Das KdF-Argument hat fast schon »Autobahn-Niveau«.

60 Ebenda, S. 184. Vgl. dazu das bereits zitierte, völlig gegenteilige, aber begründete Urteil von: Könke, »Modernisierungsschub« oder relative Stagnation?, S. 607: »Der Nationalsozialismus hat den Modernisierungsprozeß in Deutschland nicht beschleunigt, sondern eher gehemmt.«

61 Mehr dazu bei: Wolfgang Wippermann, Ein Abgrund. Deutsche Geschichtsrevision im »Propyläen«-Verlag, in: »Frankfurter Rundschau« vom 9. Januar 1996. Inzwischen hat der Ullstein Verlag Weißmanns Buch aus dem Programm genommen und Mommsen beauftragt, ein neues zu schreiben.

62 Vgl. dazu die Warnung Saul Friedländers, der die besprochenen Werke über das angeblich so »moderne« Dritte Reich noch gar nicht kennen konnte. Friedländer schreibt in »Kitsch und Tod«, S. 96: »Nicht die revisionistische Manipulation der Tatsachen beschwört die Gefahr herauf, daß die Barriere, die Auschwitz für die Phantasie bedeutet, eingerissen wird; sie stellt nur ein verschwindend kleines Moment der gegenwärtig zu beobachtenden Entwicklung dar. Viel bedeutender ist die fortschreitende Neutralisierung dieser Vergangenheit.«

63 Peter Reichel, Der schöne Schein des Dritten Reiches. Faszination und Gewalt des Faschismus, München 1991.

64 Vgl. vor allem: Karsten Witte, Film im Nationalsozialismus, in: Wolfgang Jacobsen u.a. (Hrsg.), Geschichte des deutschen Films, Stuttgart 1993, S. 119–170. Die älteren Arbeiten haben sich mehr auf die »eigentlichen« Propagandafilme konzentriert. Vgl. u.a.: Erwin Leiser, »Deutschland erwache!« Propaganda im Film des Dritten Reiches, Reinbek 1968; David A. Welch, Propaganda and the German Cinema, 1933–1945, Oxford 1983.

65 Andere Auffassung bei: Friedländer, Kitsch und Tod, S. 7, der davon ausgeht, daß »der Nazismus (...) bei Kriegsende« überall als »die fluchbeladene Seite der abendländischen Zivilisation, der Inbegriff alles Bösen« angesehen worden sei. Dieses Bild habe sich erst Ende der 60er Jahre »in der ganzen westlichen Welt zu verändern« begonnen (S. 8). Auf den dann einsetzenden neuen »Widerschein des Nazismus« wird noch einzugehen sein.

66 Gertrud Scholtz-Klink, Die Frau im Dritten Reich, Tübingen 1978. Dazu und zum folgenden: Andrea Böltken, Führerinnen im »Führerstaat«. Gertrud Scholtz-Klink, Trude Mohr, Jutta Rüdiger und Inge Viermetz, Pfaffenweiler 1995, S. 27 ff.

67 So u.a.: David Schoenbaum, Die braune Revolution. Eine Sozialgeschichte des Dritten

Reiches, Köln 1968; Timothy W. Mason, Zur Lage der Frauen in Deutschland 1930–1940. Wohlfahrt, Arbeit und Familien, in: Gesellschaft. Beiträge zur Marxschen Theorie 6, Frankfurt/M. 1976, S. 118–193. Zur Kritik dieser Auffassung: Burleigh / Wippermann, The Racial State, S. 242 ff.

68 Martin Klaus, Mädchen im Dritten Reich. Der Bund Deutscher Mädel (BDM), Köln 1983.

69 Melitta Maschmann, Fazit. Kein Rechtfertigungsversuch, München 1963. Auch hier findet man begeisterte Behauptungen über die angeblich im BDM herrschende Chancengleichheit. Insofern handelte es sich sehr wohl um einen »Rechtfertigungversuch«.

70 Jutta Rüdiger, Der Bund Deutscher Mädel – Eine Richtigstellung, Lindhorst 1984.

71 Zitiert nach Böltken, Führerinnen im »Führerstaat«, S. 103.

72 Albert Speer, Erinnerungen, Berlin 1969; ders., Spandauer Tagebücher, Berlin 1975; ders., Der Sklavenstaat, Berlin 1981.

73 Tatsächlich war die deutsche Kriegswirtschaft längst nicht so effektiv und erfolgreich, wie dies Speer hier dargestellt hat. Vgl. dazu die kritische Bewertung bei: Richard Overy, Why the Allies won, London 1995.

74 Dies ist ihm in der revisionistischen Literatur sehr verübelt worden. Vgl. den Artikel »Albert Speer« in: Waldemar Schütz (Hrsg.), Lexikon Deutsche Geschichte, Rosenheim 1990, S. 431, in dem einmal darauf hingewiesen wird, daß auf Veranlassung Speers in der »deutschen Rüstungsproduktion (...) verstärkt Fremdarbeiter eingesetzt wurden«, zum anderen mit einem deutlich kritischen Unterton bemängelt wird, daß er sich auf dem Nürnberger Prozeß vom »Nationalsozialismus distanzierte.«

75 Matthias Schmidt, Albert Speer. Das Ende eines Mythos, München 1982.

76 Gitta Serenyi, Alber Speer. His Battle with Truth, London 1995. Dt. Ausgabe: Das Ringen mit der Wahrheit: Albert Speer und das deutsche Trauma, München 1995.

77 Dies deutet auch Serenyi an, die jedoch dann ausführlich und detailreich berichtet, daß Speer im Bett einer 34jährigen Frau gestorben sei. Vgl. Serenyi, Albert Speer, S. 715. Zu dieser Schilderung fällt einem nur Saul Friedländers Begriffspaar »Kitsch und Tod« ein.

78 Den Hitler-Mythos hat er von Joachim C. Fest, Hitler. Eine Biographie, Berlin 1973 übernommen, mit dem er übrigens seine »Erinnerungen« ausführlich durchgesprochen hat.

79 Zum folgenden auch Neumann, Anmerkungen zu den Memoiren, S. 520 ff.

80 Speer, Erinnerungen, S. 225 f.

81 Observer vom 9.4.1944, zitiert in Speer, Erinnerungen, S. 355 f.

82 Speer, Erinnerungen, S. 522.

83 Friedländer, Kitsch und Tod, S. 8.

84 Ebenda, S. 7.

85 Vgl. zum folgenden auch: Saul Friedländer, Die Last der Vergangenheit, in: Wolfgang Wippermann, Der konsequente Wahn. Ideologie und Politik Adolf Hitlers, München 1989, S. 242–259, S. 247.

86 Friedländer, Kitsch und Tod, S. 14.

87 Nicht viel besser als die Fernsehserie ist das Buch: Guido Knopp, Hitler. Eine Bilanz, Berlin 1995.

»Jüdischer Scharfrichter«? Goldhagen und die »selbstbewußte Nation«

»Das Töten selbst war eine grausame Angelegenheit. Nach dem gemeinsamen Gang durch den Wald mußte jeder Deutsche seine Schußwaffe auf den Hinterkopf des Opfers richten, das nun mit gesenktem Kopf dastand. Er bediente den Abzug, sah wie die Person, manchmal ein kleines Mädchen, zuckte und sich dann nicht mehr rührte. Die Deutschen mußten gefühllos bleiben angesichts der Angst und Verzweiflung der Opfer, ob nun eine Frau jammerte oder ein Kind wimmerte. Bei so geringer Distanz zu ihren Opfern bespritzten sich die Täter häufig mit menschlichem Blut. Einer von ihnen berichtet: ›Durch den dadurch bedingten Nahschuß traf das Geschoß mit derartiger Rasanz in den Schädel, daß zumindest die ganze hintere Schädeldecke abgerissen wurde und nun Blut, Knochensplitter und Gehirnmasse durch die Gegend spritzten und die Schützen beschmutzten.‹ Wachtmeister Anton Bentheim verdeutlicht, daß dies nicht die Ausnahme, sondern der Regelfall war: ›Die Schützen waren grauenvoll mit Blut, Gehirnteilen und Knochensplittern besudelt. Das hing an ihrer Kleidung.‹«[1]

Ganz klar: So emphatisch wie Goldhagen reden und schreiben keine deutschen Historiker! Dies kann man positiv oder negativ werten. Problematisch ist auf jeden Fall, daß Goldhagen bei seiner dichten und einfühlsamen Schilderung der schrecklichen Mordtaten nicht davor zurückschreckt, neben den realen auch fiktive Szenen zu beschreiben, um beim Leser den angestrebten emotionalen Effekt hervorzurufen.[2] Sowohl die emphatische Schreibweise wie die Vermischung von Fakten und Fiktionen hätten kritisiert werden können und vielleicht sogar müssen, was jedoch kaum geschehen ist.[3]

Goldhagens Kritiker habe sich dagegen ganz auf seine zentrale These konzentriert. Sie kann ganz knapp folgendermaßen wiedergegeben werden. Die Angehörigen der Polizeibataillone, mit denen sich Goldhagen vornehmlich beschäftigt hat, seien »willige Vollstrecker« des Hitlerschen Antisemitismus gewesen, die mit einem geradezu fanatischen Eifer Juden ermordet hätten. Damit widerspricht Goldhagen Christopher Browning, der in seiner Fallstudie zum »Reserve-Polizeibataillon 101« die Auffassung vertreten hat, daß diese Polizisten »ganz normale Männer« gewesen seien, die nur widerstrebend und mehr auf Druck ihrer Vorgesetzten als aus eigenem Antrieb hin Juden erschossen hätten.[4] Für Goldhagen waren diese Polizisten dagegen »ganz gewöhnliche Deutsche«, die sich in ihrer antisemitischen Einstellung nicht von den übrigen Deutschen unterschieden hätten, weil die Angehörigen der Polizeibataillone aus allen Schichten der Bevölkerung gestammt und damit ein repräsentatives »sample« dargestellt hätten.

Dieses methodische Verfahren hat Goldhagen aus der Soziologie, vor allem aus der Meinungs- und Wahlforschung übernommen, die repräsentative Querschnitte (samples) der Bevölkerung nach ihrer Meinung zu allen möglichen Dingen – von Helmut Kohl bis hin zu bestimmten Schokoriegeln – befragt. Die grundsätzliche Frage ist jedoch, ob man beim Holocaust ebenso verfahren kann.[5] Hinzu kommen quellenkritische Probleme. Hat sich Goldhagen doch vor allem auf die Vernehmungen dieser Polizisten gestützt, die deutsche Richter und Staatsanwälte lange nach 1945 durchgeführt haben, um ihnen kriminelle Taten nachzuweisen.[6] Darf man aus diesen Befragungen auf die damalige Einstellung der Polizisten zu den Juden schließen, die übrigens die Juristen weniger interessiert hat?

Doch damit nicht genug. Nach dem Versuch, seine zentrale These durch zwei weitere – schwächere – Fallstudien beziehungsweise Kapitel über Arbeitslager (ausschließlich für Juden) und die sogenannten Todesmärsche am Ende des Krieges empirisch abzusichern, ist Goldhagen noch einen Schritt weiter gegangen und hat behauptet, daß die Deutschen keineswegs nur zur NS-Zeit, sondern lange vorher antisemitisch eingestellt gewesen seien. Innerhalb der deutschen Geschichte und Kultur habe es einen tief verwurzelten »eliminatorischen Antisemitismus« gegeben.

Diese Erkenntnis hat Goldhagen nicht durch eigene Studien und Forschungen, sondern mit Hilfe einer kompilatorischen Auswertung der vorhandenen Sekundärliteratur gewonnen. Sie ist so neu und ungewöhnlich nicht. Historiker wie Alex Bein, Hermann Greive, Jacob Katz, Herbert A. Strauss und viele andere haben ebenfalls und lange vor Goldhagen behauptet, daß der Antisemitismus in

Deutschland über eine ungebrochene Kontinuität verfügt habe, weshalb ein ziemlich gerader Weg »vom Vorurteil zur Vernichtung« (Jacob Katz) geführt habe.[7]

Doch diese Deutung des Antisemitismus ist, was Goldhagen nicht erwähnt, von Autoren wie Werner Jochmann, Reinhard Rürup, Shulamit Volkov und anderen energisch bestritten worden, weil es auch Phasen in der deutschen Geschichte gegeben habe, in denen der Antisemitismus nicht radikalisiert, sondern abgeschwächt wurde.[8] Dies gelte für den Vormärz, in dem die Befürworter einer Emanzipation der Juden in der Mehrheit waren, und dies treffe auch auf die Endphase des Kaiserreiches zu, als der Antisemitismus zwar zum »kulturellen Code« (Shulamit Volkov) der bürgerlichen Gesellschaft wurde, sich aber keineswegs radikalisierte, worauf der schwindende Einfluß der antisemitischen Parteien hindeute. Auf diese Diskussion ist Goldhagen jedoch kaum eingegangen,[9] was ihm einige seiner Kritiker auch vorgeworfen haben, wobei ihre fachliche Kritik jedoch untrennbar mit nationaler Gekränktheit verbunden war. Darauf wird noch näher einzugehen sein.[10]

Interessanter und wichtiger scheint mir ein anderer Aspekt zu sein, der jedoch in der bisherigen Goldhagen-Kontroverse einen ganz geringen Stellenwert hatte. Ich meine die Frage, ob man sich wirklich wie Goldhagen (aber auch andere Antisemitismusforscher) ganz auf den Antisemitismus allein konzentrieren kann. Zeigt doch die konkrete Analyse, daß die deutschen Antisemiten keineswegs nur Antisemiten waren, sondern gleichzeitig auch Vorurteile gegenüber Slaven, Sinti und Roma sowie gegenüber außereuropäischen »Rassen« hatten.[11] Für Goldhagen jedoch scheint der Antisemitismus etwas gänzlich Besonderes zu sein, das so gut wie nichts mit dem allgemeinen Rassismus zu tun hat.[12]

Generell ist dies vielleicht legitim, doch beim Dritten Reich führt die einseitige Konzentration auf den Antisemitismus in die Enge. Denn dieses Regime war ein »Rassenstaat«, der im Innern eine »Reinigung des Volkskörpers« von allen »rassefremden« und »minderwertigen Elementen« und nach außen die Herstellung eines hierarchisch gegliederten »Rassenimperiums« anstrebte, wobei nach der Ermordung der europäischen Juden die »Eliminierung« weiterer 20 bis 30 Millionen Angehöriger slavischer Völker geplant war.[13] Goldhagen hat diese rassistischen Pläne und Aspekte der nationalsozialistischen Rassenpolitik fast völlig ausgeblendet und darüber hinaus die Tatsache relativiert und teilweise sogar negiert, daß neben den Juden auch andere Opfergruppen aus ebenfalls rassistischen Gründen ermordet worden sind.[14] Dieser schwerwiegende Vorwurf soll an einigen konkreten Beispielen näher belegt werden.

Obwohl durch die Forschungen von Ernst Klee, Hans-Walter Schmuhl, Henry Friedlander, Michael Burleigh und anderen eindeutig nachgewiesen ist, daß die sogenannte Euthanasie-Aktion der unmittelbare Vorläufer und notwendige Vorbedingung des Holocaust gewesen ist,[15] hat sich Goldhagen mit diesem Massenmord nur ganz am Rande beschäftigt. Wenn er dies tut, dann in der erklärten Absicht, den Mord an den Kranken als weniger grausam als den Holocaust darzustellen. Dieses Bestreben verleitet ihn dann zu der folgenden wirklich deplacierten Frage: »Warum haben die Vollstrecker nicht nach Art moderner Henker gearbeitet, die den Tod in einer vorgeschriebenen, fast klinischen Weise herbeiführen sollen, rasch, ohne Quälereien und mit möglichst wenig Schmerzen – also auf die Art und Weise, in der gewöhnliche Deutsche die geistig Behinderten und andere im sogenannten Euthanasieprogramm zu töten sich bemühten?«[16]

Nein, die Ermordnung von hilflosen Personen in fahrbaren Gaskammern, was bis zu 30 Minuten dauerte, war ebenso wenig schmerzlos wie die nach dem vorgeblichen Stop der Euthanasie angewandte Praxis, die Kranken, darunter viele Kleinkinder, langsam und qualvoll verhungern zu lassen.

Auf den Völkermord an den Sinti und Roma, dem schätzungsweise 500.000 Menschen zum Opfer fielen, ist Goldhagen nur an zwei Stellen seines Buches eingegangen. Und beide Bemerkungen sind noch dazu falsch. Dies gilt einmal für die nicht richtige Behauptung, daß Sinti und Roma im Unterschied zu den Juden nicht zur Arbeit gezwungen worden seien.[17] Zweifelhaft ist ferner Goldhagens Vermutung, daß es im Unterschied zum Holocaust keinen »umfassenden Plan« zur »systematischen Ermordung« der Sinti und Roma gegeben habe.[18] Hat doch Heinrich Himmler schon am 8. Dezember 1938 die, wie es wörtlich hieß, »endgültige Lösung der Zigeunerfrage« »aus dem Wesen dieser Rasse« öffentlich angekündigt.[19]

Angesichts der Lage der polnischen Zwangsarbeiter im Reich, die übrigens schon ein Jahr vorher als die Juden ein diskriminierendes

Abzeichen tragen mußten, und auch im Hinblick auf die im »Generalgouvernement« betriebene Polenpolitik muß man den folgenden Satz Goldhagens schon als zynisch ansehen: »Völker, wie beispielsweise die Polen, die die Nationalsozialisten und auch die meisten Deutschen als unterlegen, gar als ›Untermenschen‹ betrachteten, behandelten die Deutschen ganz anders und weit besser als die Juden.«[20]

Wenn sich Goldhagen näher mit den Quellen und Forschungen zum »Generalplan Ost« beschäftigt hätte, was er jedoch leider nicht getan hat,[21] dann hätte er wohl auch nicht folgendes geschrieben: »Die Slawen galten ebenfalls als rassisch minderwertig, geeignet jedoch, ähnliche Aufgaben wie Lasttiere zu erfüllen. Die Bedrohung, die von ihnen angeblich für Deutschland ausging, wurde als sozialdarwinistischer Wettbewerb um Land und Ressourcen verstanden. Die Art, in der die Deutschen Slawen behandelten, war eng mit Nützlichkeitserwägungen verbunden.«[22]

Man wird Goldhagen den Vorwurf nicht ersparen können, das Schicksal der sogenannten »anderen Opfer« des nationalsozialistischen Rassismus verharmlost zu haben, weil er fälschlich davon ausgeht, daß die Nationalsozialisten – oder meinetwegen »die Deutschen« – eine nur antisemitische und keine rassistische Politik betrieben haben. »Die Deutschen« waren keineswegs nur »willige Vollstrecker« des Hitlerschen Antisemitismus, sondern seines globalen rassistischen Programms. So gesehen ist Goldhagen nicht radikal genug.

Doch diese Kritik stand, wie erwähnt, nicht im Mittelpunkt der Goldhagen-Kontroverse. Hier überwog statt dessen der Vorwurf, Goldhagen biete eine monokausale Erklärung für das ebenso vielschichtige wie komplexe Phänomen des Holocaust, weil er sich ganz auf die Ideologie des Regimes und die Motive der Täter konzentriert habe.[23] Doch dies ist ein Mißverständnis. Selbstverständlich ist Goldhagen bewußt, daß der Holocaust ohne Hitler, den NS-Staat und den Zweiten Weltkrieg nicht denkbar gewesen ist. Selbstverständlich hat er auch den »historischen Kontext« und die »Gesellschaft« wahrgenommen, aus der die Täter stammten. Dennoch insistiert er darauf, daß die »Täter« für ihre Taten selber verantwortlich gewesen sind. Bereits im Vorwort zur deutschen Ausgabe schreibt er: »Mit diesem Buch möchte ich den Schwerpunkt der Erforschung des Holocaust von unpersönlichen Institutionen und abstrakten Strukturen auf die Täter selbst verlagern, auf die Menschen, die die Verbrechen verübten, und auf die Gesellschaft, aus der diese Männer und Frauen kamen.«[24]

Damit attackiert er eine Gruppe von Holocaustforschern, die in Deutschland einen vorherrschenden Einfluß gewonnen hat, während dies in Ländern wie den USA und vor allem Israel anders ist. Zu diesen, wie sie meist genannt werden, »Strukturalisten« gehört vor allem Hans Mommsen, der sich als wohl schärfster Kritiker Goldhagens profilierte.[25] Für Mommsen war der Holocaust eher improvisiert als intendiert. Er habe nicht auf einem »langfristig entwickelten Programm« Hitlers oder anderer führender Nationalsozialisten basiert. Es handele sich statt dessen um eine »perfekte Improvisation, die jeweils aus früheren Planungsstufen hervorging und diese eskalierte«.[26] Wegen der im »polykratischen« Dritten Reich typischen »Kompetenzkämpfe« sei es zu einer »kumulativen Radikalisierung« gekommen, wobei dann der jeweils »in Gang gesetzte« Prozeß »eine eigene Dynamik« entfaltet habe.

Mommsen warf Goldhagen vor, übersehen zu haben, daß »nicht allein ideologische Triebkräfte, sondern auch selbsterzeugte materielle und psychologische Zwangslagen (...) den Ausschlag« gegeben hätten.[27] Deshalb sei Goldhagen »eindeutig hinter den internationalen Forschungsstand« zurückgefallen. Dies ist kein sehr überzeugendes Argument. Mommsens These ist nämlich, wie bereits angedeutet, nach wie vor umstritten und nicht identisch mit dem »internationalen Forschungsstand« schlechthin. Neben Goldhagen gibt es auch andere Holocaustforscher, die der Meinung sind, daß nicht irgendwelche anonymen »Strukturen«, sondern daß Hitlers Antisemitismus die entscheidende »Bedingung für den Holocaust« gewesen sei.[28] Diese Historiker werden meist als »Intentionalisten« bezeichnet. Und ihnen hat sich Goldhagen weitgehend angeschlossen, wenn er ganz pointiert formuliert: »Der Genozid ging also nicht aus Hitlers Stimmungen, nicht aus örtlichen Initiativen oder aus unpersönlichen Strukturen hervor; er entsprang vielmehr Hitlers Ideal, den vermeintlichen jüdischen Einfluß zu beseitigen (...).«[29]

Doch Goldhagen beläßt es nicht dabei. Hitlers antisemitisches »Ideal« sei nämlich »in Deutschland weit verbreitet« gewesen. Es könne keine Rede davon sein, daß es nur eine »Minderheit von fanatischen Rassenantisemiten« gegeben habe.[30] Nicht nur Angehörige der »Oberschicht«,[31] sondern auch große Teile des Mittelstandes und selbst der Arbeiterschaft seien antisemitisch eingestellt gewesen. Der Holocaust sei schon deshalb ein »deutsches Projekt« gewesen, weil die meisten Deutschen zumindest latente Antisemiten waren, weshalb sie dann auch zu »Hitlers willigen Vollstreckern« werden konnten.

Dies bestreiten jedoch sowohl die Strukturalisten wie die Intentionalisten. Auch die Spezialforschung ist sich keineswegs darüber einig, wie hoch der Prozentsatz der überzeugten Antisemiten wirklich gewesen ist.[32] Doch für Strukturalisten wie Mommsen kommt es darauf auch nicht an. Entscheidend seien die »politisch-bürokratischen Mechanismen, die den Gedanken der Massenausrottung zur Wirklichkeit werden ließen«. Derartiges sei »auch unter anderen gesellschaftlichen Bedingungen denkbar«.[33] Daher zeige das Faktum des Holocaust, wie »dünn« doch die »Patina der Zivilisation« sei.[34]

Die Frage, ob der Holocaust ein Produkt der Moderne oder ein spezifisch »deutsches Projekt« sei, stand dann auch im Mittelpunkt der Podiumsdiskussion, die am 5. September 1996 in der Berliner Jüdischen Gemeinde zwischen Goldhagen, Mommsen, Jürgen Kocka und mir geführt wurde.[35] Als Mommsen hier seine auch vorher vielfach gemachte Bemerkung wiederholte, die Täter seien »überwiegend gedankenlos ihrem Geschäft« nachgegangen,[36] stellte Goldhagen die rhetorische Frage, ob »hier irgendjemand außer Professor Mommsen sonst noch glaubt, daß die Täter nicht wußten, was und warum sie es taten«. Das Publikum gab durch brausenden Beifall zu erkennen, daß es in dieser Frage eindeutig Partei für Goldhagen und gegen Mommsen ergriffen hatte.

Auch ich stimme hier Goldhagen zu. Strukturen bringen keine Menschen um. Es waren unzweifelhaft Deutsche, die die Juden aus antisemitischer Überzeugung ermordet haben. Daher war der Holocaust in der Tat ein »deutsches Projekt« und kein Produkt der Moderne schlechthin.

Damit ist vollends deutlich geworden, daß es sich bei der Goldhagen-Kontroverse nicht einfach um eine Fortsetzung des Historikerstreits handelt. Sind doch alle Beteiligten meilenweit von den Positionen Noltes und seiner Anhänger entfernt, die sich übrigens bisher noch nicht zu Wort gemeldet haben. Wie paßt das zusammen?

Warum werden gerade sozialliberale Historiker wie Mommsen, die sich vor zehn Jahren so energisch gegen eine »Entsorgung der deutschen Vergangenheit« (Hans-Ulrich Wehler) von rechts gewehrt haben, von Goldhagen so scharf angegriffen?

Eine Erklärung ist, daß Goldhagen ja nicht nur die »Strukturalisten« unter den Holocaustforschern, sondern auch die »Strukturgeschichte« ganz allgemein attackiert hat. Dies gilt für seine oben schon zitierte Bemerkung, wonach es ihm nicht um die »Strukturen«, sondern um die einzelnen Täter und die Motivation ihrer Taten gehe.[37] An einer andere Stelle seines Buches hat er dies noch einmal zugespitzt und ganz pointiert formuliert, daß er im »Gegensatz zu Marx' bekanntem Diktum« davon ausgehe, »daß das Bewußtsein das Sein« bestimme.[38] Die deutschen Antisemiten und Mörder hätten, um ein anderes sehr bekanntes Marx-Zitat[39] abzuwandeln, »ihre eigene Geschichte« aus »freien Stücken« gemacht.

Mit diesen Worten hat sich Goldhagen, ob gewollt oder nicht gewollt sei hier dahingestellt, gegen die Grundmaximen der »Strukturgeschichte« gewandt, die von ihrem Hauptrepräsentanten Hans-Ulrich Wehler folgendermaßen beschrieben worden ist: Erst die »modernen Theorien des wirtschaftlichen Wachstums, des sozialen Wandels, der Sozialpsychologie des Kollektivverhaltens ermöglichen es, strukturgeschichtliche Entwicklungen, die sich über die Köpfe dieser Einzelnen hinweg durchgesetzt haben, in ihrem Erfahrungshorizont als strukturelle Prozesse aber nicht wahrgenommen wurden und folglich keinen direkten Niederschlag in den Quellen fanden, präziser zu analysieren. Nur die Strukturgeschichte in diesem Sinn ermöglicht es auch, Marx' Einsicht zu konkretisieren, daß ›die Menschen‹ zwar ›ihre eigene Geschichte‹ machen, ›aber sie machen sie nicht aus freien Stücken, nicht unter selbstgewählten, sondern unter unmittelbar vorgefundenen, gegebenen und überlieferten Umständen‹.«[40]

Es war daher kein Zufall, daß auch Wehler eine mehr als zürnende Rezension über Goldhagens Buch geschrieben hat.[41] Hier schloß er sich einmal der schon erwähnten Kritik der Strukturalisten an, wonach Goldhagen die »Komplexität der historischen Konstellationen« im allgemeinen, die »kumulative Radikalisierung« im besonderen zu wenig berücksichtigt habe.[42] Goldhagens »Erklärungsversuch« bezeichnete er aber auch deshalb als »monokausal«,[43] weil er ein weiteres methodisches Element der modernen Strukturgeschichte mißachtet habe, nämlich den »Vergleich«, den Goldhagen scheue »wie die Cholera«. Daher sei Goldhagens Buch wie kaum ein anderes »von den Vorzügen komparativer Sozial- und Geschichtswissenschaften« weit entfernt.[44]

Wie oben bereits erwähnt, ist dies ein sehr schwerer Vorwurf, denn an die Stelle des Vergleichsverbots des Historismus postuliert die Strukturgeschichte ein Vergleichsgebot.[45] Um die These von der besonderen Radikalität des deutschen Antisemitismus zu beweisen, hätte Goldhagen einen »innereuropäischen Vergleich« ziehen müssen.[46] Auf diesen Vorwurf, der unter anderem auch von dem israelischen Historiker und Antisemitismus-Experten Moshe Zimmermann erhoben wurde,[47] hat Goldhagen trotzig geantwortet, ihn interessiere nun einmal nur der Holocaust und der sei schließlich von Deutschland ausgegangen und von Deutschen ausgeführt worden: »No Germans no Holocaust«.[48] Ob die anderen europäischen Nationen weniger oder stärker antisemitisch eingestellt gewesen seien, sei eine völlig andere Frage, die zur Erklärung des Holocaust nichts beitrage.[49]

Über beide Argumente läßt sich streiten. Anders ist es meines Erachtens mit der Mahnung Wehlers, daß auch der Holocaust in vergleichender Perspektive betrachtet werden müsse. Doch mit wem oder was soll man ein so einzigartiges Phänomen wie den Holocaust vergleichen? Wehler nennt die »türkischen Massaker an Millionen von Armeniern«, den »noch schrecklicheren, jahrzehntelang anhaltenden millionenfachen Mord unter Lenins und Stalins Diktatur« und die »nahezu vollendete Ausrottung der nordamerikanischen Indianer«.[50]

Auf diese und andere Vergleiche, die bekanntlich im Mittelpunkt des Historikerstreits vor zehn Jahren standen, ist Goldhagen zwar eingegangen, hat sie aber alle kompromißlos abgelehnt.[51] Der »Vernichtungsfeldzug, den die Deutschen gegen die Juden führten«, sei »zumindest im zwanzigsten Jahrhundet ohne Parallele«.[52] Dies gelte sowohl für die »geographische Reichweite«, die »beispiellose Grausamkeit« sowie die Motivation und die auf eine »totale Ausrottung« ausgerichtete Zielsetzung der Täter.[53] Alle anderen »organisierten Massenmorde« hätten im »Zusammenhang mit Konflikten um Territorien oder Auseinandersetzungen zwischen Klassen, Ethnien und

Religionen« stattgefunden,[54] was für den Holocaust eben nicht zuträfe.

Ich muß hier nicht noch einmal betonen, daß ich diese Singularitätsthese für ebenso richtig halte wie Goldhagens kompromißlose Ablehnung des Totalitarismusmodells, das er für »grundfalsch« hält,[55] weil es von der Vergleichbarkeit des Holocaust ausgeht. Doch bisher war ich immer der Meinung gewesen, in dieser Hinsicht mit Wehler und anderen Kritikern Noltes konform zu gehen.[56] Warum ist dies nicht, bzw. nicht mehr so?

Die Antwort ist verblüffend. Hat sich Wehler doch vehement gegen Goldhagens (angebliche!) Verurteilung des deutschen »Nationalcharakters« gewandt[57] und ihm vorgeworfen, die »Kollektivschuldthese« zu vertreten, was nach Wehler nichts anderes als ein »Quasi-Rassismus« sei, denn: »An die Stelle des auszulöschenden ›auserwählten Volkes‹ tritt das ›verworfene Volk‹ der Deutschen als Inkarnation des Bösen.«[58]

Bei allem Respekt: Wehler muß doch wissen, daß die »Kollektivschuldthese« allenfalls von Publizisten, aber nie von ernstzunehmenden ausländischen Wissenschaftlern vertreten wurde.[59] Sie gibt es eigentlich nur in der Phantasie von konservativen deutschen Historikern wie Gerhard Ritter, die nach dem Haltet-den-Dieb!-Muster von ihrer eigenen Schuld und Verantwortung ablenken wollten.[60]

Das zwar nicht von Wehler, wohl aber von anderen in diesem Zusammenhang immer erwähnte sogenannte »Stuttgarter Schuldbekenntnis« vom Oktober 1945 war schon deshalb kein Bekenntnis zur kollektiven Schuld der Deutschen schlechthin, weil es nur von den Repräsentanten der Evangelischen Kirche für das Verhalten der evangelischen Christen im Dritten Reich abgegeben wurde, denen im gleichen Atemzug zudem noch bescheinigt wurde, »lange Jahre hindurch im Namen Jesu Christi gegen den Geist gekämpft (zu haben), der im nationalsozialistischen Gewaltregime seinen furchtbaren Ausdruck gefunden hat«.[61] Auch die Reflektionen, die der Philosoph Karl Jaspers schon 1946 in seinem »klassischen« Buch über die »Schuldfrage« vorgetragen hat, gehen keineswegs von einer »Kollektivschuld« aller Deutschen aus.[62]

Die Kollektivschuldthese ist schlicht ein Phantom. Sie wird von niemandem, auch von Goldhagen nicht, vertreten.[63] Goldhagen geht keineswegs von der Existenz eines unveränderten und unveränderbaren aggressiven deutschen »Nationalcharakters« aus, sondern hat nur behauptet, daß der Holocaust als ein »nationales Projekt« der Deutschen anzusehen sei, weil er nun einmal in Deutschland und von Deutschen vollstreckt wurde, die sich dabei der zumindest stillschweigenden Zustimmung der überwiegenden Mehrheit des deutschen Volkes sicher sein konnten, in dem ein »eliminatorischer Antisemitismus« tief verwurzelt und weit verbreitet gewesen sei.

Auch wenn all dieses falsch sein sollte, was es jedoch meines Erachtens nicht ist, wäre dies denn wirklich so schlimm? War es wirklich notwendig, in nationalistische Entsetzensschreie auszubrechen, wie dies fast alle deutschen Rezensenten zunächst taten?[64] Man konnte fast den Eindruck gewinnen, als ob der von Rudolf Augstein zum »Scharfrichter« beförderte Daniel Goldhagen jedem einzelnen von ihnen jeden Finger einzeln abhacken wollte.[65] Um so hektischer und unüberlegter fielen dann die Verteidigungsstrategien aus. So wenn wiederholt und mit Verve auf die »deutsch-jüdische Kultursymbiose« verwiesen wurde,[66] deren Existenz jedoch mehr als zweifelhaft ist.[67] Doch auch wenn es ein derartiges harmonisches Zusammenleben von Deutschen und Juden bzw. von jüdischen Deutschen und christlichen Deutschen jemals gegeben haben soll, wird dadurch der Holocaust verständlicher oder gar erträglicher?

Ebenso kontraproduktiv waren die wiederholten Hinweise auf den deutschen Widerstand.[68] Schließlich war der deutsche Widerstand gegen Hitler allenfalls indirekt ein Widerstand für die Juden. Einige Angehörige des Arbeiter- und vor allem des bürgerlich-militärischen Widerstandes sowie des Kirchenkampfes haben zudem ein vielleicht zeitbedingtes, aber gleichwohl nicht zu billigendes Verständnis für einige antisemitische Maßnahmen des nationalsozialistischen Regimes gezeigt, worauf Goldhagen dann auch gnadenlos hingewiesen hat.[69] Doch auch wenn das Verhalten des deutschen Widerstandes in der von den Nationalsozialisten geschaffenen sogenannten »Judenfrage« anders gewesen wäre, wäre dies immer noch kein »Alibi für Auschwitz«.[70]

Vollends problematisch waren die Versuche, den nationalsozialistischen Verbrechen die (west-)deutschen Leistungen bei der »Vergangenheitsbewältigung« gegenüberzustellen.[71] Als ob man durch Vergangenheitsbewältigung die ermordeten Juden wieder lebendig machen könnte! Die Klagen Jost Noltes über die armen Deutschen, vor denen sich »immer wieder jene Vergangenheit« auftürme, weshalb sie offensichtlich niemals »vom Schicksal des Sisyphos« erlöst und ständig von »Pamphletisten« wie Goldhagen »in die Verdammnis« zurückgestoßen werden würden, wirken nicht nur unfreiwillig komisch, sondern sind auch noch unehrlich.[72] Ist dieses deutsche Selbstmitleid doch mit scharfen Anklagen gegen Goldhagens »Spekulationen über die mörderische deutsche Seele« verbunden.[73] Goldhagens These von der deutschen »Kollektivschuld«, ja »Erbsünde« sei ihrerseits »rassistisch«. Er selber sei von einem »Zorn von alttestamentarischem Atem« beseelt.[74]

Jost Nolte, dem wir diese wunderbaren Stilblüten verdanken, hatte damit einen Ton getroffen, der auch in vielen anderen Rezensionen und öffentlichen Stellungnahmen angeschlagen wurde. Ständig wurde daran erinnert, daß dieser antideutsche »Interpret deutscher Schuld« schließlich selber Jude sei.[75] So begann Peter Glotz seine – »natürlich« negative – Rezension mit dem Satz: »Der Autor (...) Sohn eines aus Rumänien stammenden jüdischen Historikers (...)«[76] Und am Anfang der Rezension in der »tageszeitung«, die übrigens von einer Film-Kritikerin geschrieben wurde, hieß es: »Der Vater des Autors, Erich Goldhagen, hat das jüdische Ghetto im rumänischen Czernowitz überlebt und einen Großteil seiner Familie im Holocaust verloren.«[77]

Im Anschluß an diese scheinbar neutrale Feststellung wurde dann häufig unterstellt, daß Goldhagen unter dem Beifall »jüdischer Kolumnisten«[78] sein »alttestamentarisches Rachebedürfnis« an den Deutschen stillen wolle, weil diese seinen Vater verfolgt hätten.[79] Nicht weniger unsinnig war die Vermutung der schon erwähnten Film-Kritikerin der »tageszeitung« Mariam Niroumand, daß der Hinweis des »Juden Goldhagen« auf den Holocaust den »amerikanischen Juden als brauchbarer Schutzschild gegen die antisemitische Verdächtigungsrhetorik von Leuten wie dem schwarzen Aktivisten Louis Farrakhan« diene.[80]

Jörg von Uthmann ging in diesem Zusammenhang noch einen Schritt weiter, indem er die folgende, geradezu phantastische Spekulation darüber anstellte, weshalb die »jüdischen Organisationen« gerade in Amerika immer wieder »an die Gaskammern und Konzentrationslager« erinnerten:[81] »Sie (die jüdischen Organisationen in

Amerika, W. W.) verfolgten damit einen doppelten Zweck: Zum einen soll das rituelle Gedenken den Regierenden in Washington vor Augen halten, daß Israel ein zweiter Holocaust drohe, falls Amerika seine schützende Hand abziehe. Zum anderen soll es die amerikanischen Juden, die in ihrer Mehrheit christliche Partner heiraten und auf dem besten Wege sind, im mainstream aufzugehen, auf einen gemeinsamen Bezugspunkt – wenn schon nicht in der Gegenwart, dann jedenfalls in der Vergangenheit einschwören.«

Doch im Mittelpunkt standen nicht die Spekulationen über die Gefühlslage der amerikanischen Juden, sondern die ständigen Hinweise auf die »Kollektivschuldthese«, die Goldhagen wieder aufwärme, um die Deutschen zu der »zur Flagellanten-Geste verkommenen Selbstbezichtigungsgeste« zu zwingen.[82] Der, wie ihn Rudolf Augstein meinte titulieren zu müssen, jüdische »Scharfrichter«[83] Goldhagen wurde flugs in die Reihe der »bösen Juden« eingereiht, die von Ahasver dem »ewigen Juden«[84] über den notorisch geldgierigen und wuchernden »Jud Süß«[85] bis hin zu dem »jüdischen Racheengel« Henry Morgenthau reicht.[86] Tatsächlich wurde Goldhagen von dem »Spiegel«-Redakteur Fritjof Meyer zwar nicht mit Morgenthau, wohl aber mit dem ansonsten völlig unbekannten und total einflußlosen jüdischen Journalisten Theodore Kaufmann verglichen,[87] der 1941 ein Buch mit dem einprägsamen Titel »Germany must perish« veröffentlicht hat,[88] was die damaligen Nazis und die späteren Revisionisten immer als »Beweis« ihrer These zitieren, daß schließlich die »rachsüchtigen« Juden die Deutschen hätten vernichten wollen, ja sogar Deutschland den »Krieg erklärt« hätten.[89] In dieser Argumentationskette vermischt sich das uralte antijudaistische Stereotyp von den »rachsüchtigen Juden«, die mit »alttestamentarischer Strenge« »Auge um Auge und Zahn um Zahn« vergelten würden, mit dem neuen Antisemitismus, der nach dem Motto: »Das mit dem Holocaust – das nehmen wir den Juden aber übel« nicht trotz, sondern gerade wegen Auschwitz nach 1945 entstanden ist.[90]

Unübertreffbar hat dies Jacob Heilbrunn im »Tagesspiegel« zum Ausdruck gebracht, indem er Goldhagen vorwarf, »den Ankläger, den Rächer der Vergangenheit« zu spielen, »der ein zweites Mal die Nürnberger Prozesse veranstaltet, um die Deutschen für ihre Taten endlich zu bestrafen«.[91] Andrei S. Markovits hat recht, wenn er diese ebenso nationalistisch wie antisemitisch motivierten Angriffe gegen Goldhagen folgendermaßen kommentiert: »Intellectual postmodernism meets oldfashioned anti-Semitism.«[92]

Diese und andere nationalistischen und, wie in Deutschland häufig, auch antisemitischen Reaktionen auf Goldhagens Buch schienen darauf hinzudeuten, daß die Deutschen tatsächlich zu dem geworden waren, was sie nach dem Willen einiger nationalistischer Ideologen sein sollen: eine »selbstbewußte Nation«, die es empört von sich wies, ein »Volk von Mördern« zu sein.[93] Dafür nur einige Beispiele: Der sehr weit rechts stehende amerikanische Historiker Alfred de Zayas beruhigte in der »Frankfurter Allgemeinen Zeitung« die aufgebrachten Deutschen einmal mit der – nachweisbar unwahren – Behauptung, daß »die Deutschen« dies alles nicht gewußt hätten, weil der Holocaust schließlich geheimgehalten worden sei.[94] Außerdem könnten die Deutschen schon deshalb keine Antisemiten sein, weil »viele deutsche Juden im Kreise Bismarcks« gewesen seien, weil es »viele ›Mischehen‹« gegeben habe und (dies ist nun wirklich zynisch) weil schließlich »viele Emigranten trotz des Holocausts nach dem Zweiten Weltkrieg nach Deutschland zurückkehrten«. Dieser gute Mann hat wirklich nichts begriffen und kaum etwas gelesen, und daher ist es schon eine Unverschämtheit, wenn er Goldhagen »Unwissenheit« vorwirft.

Nicht viel besser sind die deutsch-nationalen Entsetzensschreie, in die der Herausgeber der FAZ Frank Schirrmacher ausbrach, als er Goldhagens Buch gelesen hatte.[95] Auch hier wird natürlich wieder anklagend auf die »Kollektiv-Schuld-These« verwiesen, die Goldhagen unter Ignorierung der (welcher?) »geisteswissenschaftlichen Literatur« mit »Chuzpe« (Frechheit) vorträgt.[96] Bei Schirrmacher tauchen zwar nicht die »Juden im Kreise Bismarcks« auf, doch dafür tadelt er Goldhagen, weil dieser »Mendelssohn und Heine« nicht erwähnt habe. (Als ob Heine der Lieblingsdichter der FAZ wäre!) Goldhagens Buch sei ein einziges »Gegen-Manifest gegen die zivilisatorischen Anstrengungen, denen sich die Deutschen seit 1945 unterworfen« hätten. (Damit sind wohl die Leitartikel der FAZ gemeint.) Es führe in die »faustischen Tiefen des deutschen Bewußtseins zurück« (worunter ich mir wirklich nichts vorstellen kann) und käme einer »Remythisierung des Holocaust« gleich (was das bedeuten soll, weiß ich ebenfalls nicht). In einem Punkt hatte

Schirrmacher recht: Goldhagens Buch und noch mehr die Reaktionen darauf provozieren in der Tat Fragen »nach dem intellektuellen Zustand einer Gesellschaft«, allerdings nicht, weil sie »solche Thesen für einen gedanklichen Fortschritt hält«, sondern weil sie so hysterisch auf diese Thesen reagierte.

Kein Beweis für einen wie auch immer gearteten »gedanklichen Fortschritt« in diesem Lande war die nationalistische Herrenmenschattitüde, mit der Rudolf Augstein Goldhagen niedermachte, um gleichzeitig zu betonen, daß in diesen »niederen Polizeibataillonen nicht die Elite der Nation« gewesen sei, sondern der »Bodensatz von Leuten mit Familie, die in diesen Bataillonen noch aufgefangen werden konnten«.[97]

Ähnlich pikiert reagierte auch Peter Glotz, der sich sonst immer als Vordenker der SPD präsentiert, auf Goldhagens angebliche (!) Behauptung, die Deutschen seien eine »Nation der Killer«.[98] Auch er wartete zunächst einmal mit der Legende auf, daß so viele doch so wenig gewußt hätten, um sich dann verhement gegen die These vom »deutschen Sonderweg« auszusprechen, mit der sich Goldhagen, der hier den falschen Vornamen David erhält, gar nicht beschäftigt hat. Der Völkermord sei keine »deutsche Krankheit«, und Goldhagen (der dies auch gar nicht behaupt hat) betreibe eine »völkerpsychologische Verharmlosung«.

Fast ebenso häufig wie die Hinweise auf die vermeintlich positiven Epochen und Traditionen in der deutschen Geschichte waren die Anprangerungen der Fehler und Verbrechen »der anderen«. So scheute sich der schon erwähnte Amerikaner Alfred de Zayas nicht, in diesem Zusammenhang auf die Internierung der »Amerikaner japanischer Herkunft« während des Zweiten Weltkrieges hinzuweisen,[99] womit er ein »Argument« aufgriff, das in der amerikanischen revisionistischen Literatur häufig verwandt wird, um die Singularität und Brutalität des Holocaust zu relativieren.[100]

Doch so problematisch dies alles war, den Gipfel der Peinlichkeiten erreichte mal wieder unser Außenminister Klaus Kinkel, als er meinte, auch etwas zum Thema sagen zu müssen. Dies tat er ausgerechnet am 8. Mai und ausgerechnet vor dem »American Jewish Committee« in Washington. Seinen amerikanischen und jüdischen Zuhörern erklärte Kinkel kurz und bündig, daß es eine deutsche Kollektivschuld nicht gebe, weil »Schuld (...) immer persönlich, nicht kollektiv und nicht erblich« sei.[101] Dem wird wohl kaum zu widersprechen sein, dennoch war diese Abkanzelung Goldhagens völlig unnötig und unverständlich.

Eine sehr interessante Diskussion über die Klagen der Rechten über die Kollektivschuld der deutschen »Kulturnation« (Friedrich Meinecke) wurde dagegen in der linken Zeitung »junge Welt« geführt. Sie begann mit einem Artikel von Uwe Soukup, der meinte, daß die FAZ schon recht habe, wenn sie an Goldhagen kritisiere, daß dieser »keinerlei Unterscheidung nach sozialem, ökonomischem und intellektuellem Milieu innerhalb der deutschen Gesellschaft« gemacht habe.[102] Es sei eben nicht möglich, »die Entstehung des Nationalsozialismus zu erklären, ohne die unterschiedlichen Klasseninteressen zu berücksichtigen«. Daher könne und dürfe man auch nicht von »den Deutschen« sprechen. Als Soukup von anderen Autoren in der »jungen Welt« wegen dieses Artikels scharf angegriffen wurde,[103] verteidigte er sich und die Deutschen mit dem Hinweis auf die Revolution von 1918, denn, wenn die gesiegt hätte, wäre das alles nicht passiert.[104] Wer wird einem derart truistischen Argument, durch das jedoch das Faktum des Holocaust nicht erklärt wird, widersprechen wollen?

Der Marburger Politologe Reinhard Kühnl feierte in seiner Rezension des Goldhagen-Buches gleich die gesamten »humanistischen, demokratischen, sozialistischen und antifaschistischen Kräfte und Traditionen« Deutschlands, weil die »Kämpfe von Thomas Müntzer über die deutschen Jakobiner, über Luxemburg und Liebknecht bis zu den Kämpfen von Buchenwald (...) unsere Kämpfe« und »Teil unserer politischen Identität« seien.[105] »Wir Deutsche« würden uns »geistig wehrlos machen«, wenn »wir« (wer ist wir?) uns dies alles nehmen ließen. Wer führt etwas derartig Böses im Schilde? »Natürlich« Daniel Goldhagen, der die Position eines »völkischen Nationalismus« vertrete, wenn er »die Deutschen« für den Holocaust verantwortlich mache.

Wenn es nicht »die Deutschen« gewesen sein sollen, wer, fragt man sich etwas verwundert, war es dann? Kühnls Antwort ist verblüffend: Es war der »Kapitalismus als Gesellschaftssystem, der den Faschismus hervorgebracht« habe, weshalb auch die »Vernichtung des politischen Gegners auf der Linken« im »Vordergrund« der Politik des Faschismus gestanden, der eben nicht »auf ein Unternehmen zum Zwecke des Judenmords zu reduzieren sei«. Für diesen »Judenmord« seien zudem verschiedene »soziale, politische, institutionelle Bedingungen und Interessen« (Interessen? Wer war an Auschwitz interessiert?) maßgebend gewesen. Goldhagen dagegen habe den Holocaust »monokausal aus dem Antisemitismus« zu erklären versucht und sich damit eines kapitalen Vergehens schuldig gemacht, nämlich an die »Wirkungsmacht von Ideen« zu glauben.

Auch Kühnl erhielt für diese Ausführungen in der »jungen Welt« viel Kritik. Jürgen Elsässer brachte sie auf den Punkt, indem er in seinem Kommentar schrieb: »Der Hinweis auf die Nation als Klammer des Vernichtungsprogramms macht Goldhagen marxistischer als Kühnl & Co. – und angesichts des Wiederaufstiegs dieser Nation verzweifelt aktuell.«[106]

Elsässer hat recht. Genau wie beim Historikerstreit ging es auch bei der Goldhagen-Kontroverse weit mehr um die Gegenwart als um die Vergangenheit. Erst wenn sie vollständig »bewältigt« ist, können sich die Deutschen wieder als »selbstbewußte Nation« fühlen. Dabei stören Goldhagens Thesen über den Holocaust als »deutsches Projekt«. Doch zunächst sah es so aus, als ob sich »die Deutschen«, die es wieder einmal nicht gewesen sein wollten, von diesem jüdischen Störenfried und »Scharfrichter« nicht davon abhalten lassen wollten, sich »wieder« als »selbstbewußte Nation« zu feiern. Der neurechte Ideologe und Mitherausgeber des neurechten Kultbuches über die »selbstbewußte Nation«, Heimo Schwilk, konnte am 10. Mai 1996 in der »Jungen Freiheit« befriedigt feststellen: »Dieses von der Zeit gepushte Buch ist ein Versuch, rituell in immer kürzer werdenden Abständen die Deutschen an ihre Verfehlungen zu erinnern. Dahinter steckt ein gewisser Nationalmasochismus. In diesem Fall hat es nicht funktioniert, weil der Autor überzogen hat. Ich kenne keinen einzigen Artikel, der Goldhagens rassistische These unterstützt hat.«[107]

Schwilk und die anderen neurechten Ideologen, die es zunächst für unter ihrer Würde hielten, sich an der Goldhagen-Kontroverse überhaupt zu beteiligen,[108] haben sich jedoch zu früh gefreut. Obwohl sein Buch fast einhellig in Bausch und Bogen verdammt worden war, traf Goldhagen bei seiner Vortrags- und Diskussionsreise im September 1996 beim Publikum auf viel Sympathie und Zustimmung. Sicherlich lag dies auch an seinem persönlichen sehr gewinnenden Auftreten und seinem geschickten Diskussionsstil, wobei er sich übrigens ausschließlich der englischen Sprache bediente. Doch daran allein kann es nicht gelegen haben. Ich glaube, daß ich mit meiner spontanen Einschätzung recht hatte, als ich am 5. September 1996 Goldhagen während der Diskussion in der Berliner Jüdischen Gemeinde lobte, weil es ihm zu verdanken sei, daß »die ›anschwellenden Bocksgesänge‹ der ›selbstbewußten Nation‹ wenigstens vorübergehend verstummt« seien. Daher habe er sich »um die politische Kultur dieses Landes verdient gemacht«.[109] An dieser positiven Einschätzung halte ich fest und meine, daß Goldhagens Buch tatsächlich trotz aller oben erwähnten fachlichen Mängel aus folgenden Gründen zu loben ist:

Einmal weil es allen trivialisierenden Vergleichen des Dritten Reiches mit anderen Regimen, insbesondere mit der DDR (die überhaupt nicht vorkommt) eine scharfe Absage erteilt. Bei dieser »zeithistorischen Kontroverse« wurde »Joachim Gauck nicht um seine Meinung gefragt«,[110] eben weil es nur um das Dritte Reich und den Holocaust ging, der eben nicht verglichen, aufgerechnet oder gar, wie dies bei der Stasi-Debatte immer mehr vorkommt, einfach verschwiegen wird.

Goldhagen ist zweitens deshalb zu loben, weil er sich nicht auf den bei uns modisch gewordenen Diskurs auf die »tragische Mittellage« Deutschlands eingelassen hat, was verschiedene konservative Historiker und Journalisten offensichtlich so verblüfft hat, daß sie sich gar nicht erst zu Wort gemeldet haben.

Goldhagen hat ferner drittens keinen Zweifel daran gelassen, daß Deutschland für den Ausbruch des Zweiten Weltkrieges, der zum beispiellosen »Rassenvernichtungskrieg« eskalierte, allein schuldig ist. Die bei uns neu entfachte Kriegsschulddiskussion würdigt er keines Wortes.

Goldhagen hat schließlich viertens absolut nichts übrig für die Versuche der neurechten Ideologen um Rainer Zitelmann sowie einiger ziemlich blauäugiger Sozialhistoriker, die Schrecken des Dritten Reiches mit Hinweisen auf die angelich »guten Seiten« dieses Regimes zu relativieren, das eine »progressive Sozialpolitik« betrieben habe, ja eigentlich eine Art »Sozialstaat« gewesen sein soll, in dem »nur Minderheiten und Randgruppen« verfolgt worden seien. Goldhagen will das Dritte Reich nun wirklich nicht »modernisieren«.[111]

Insgesamt zeigt die Goldhagen-Kontroverse, die exakt zehn Jahre nach dem Ausbruch des Historikerstreits begann und ganz offensichtlich noch keineswegs zu Ende ist, daß der Kampf um die kulturelle Hegemonie in der Gegenwart durch Bewältigung der Vergangenheit weiter geht, obwohl es noch zu Beginn des Jahres 1996 so ausgesehen hatte, als hätten die Aufrechner, Relativierer und Leugner bereits gewonnen.[112] Goldhagen hat ein wichtiges Buch zur rechten Zeit geschrieben.

Anmerkungen

1 Daniel Jonah Goldhagen, Hitlers willige Vollstrecker. Ganz gewöhnliche Deutsche und der Holocaust, Berlin 1996, S. 261.

2 Vgl. etwa ebenda S. 258, wo Goldhagen die Ermordung von Kranken in einem Krankenhaus, über die keine Berichte und Verhöre vorliegen, folgendermaßen »beschreibt«: »Aller Wahrscheinlichkeit nach erschoß einer der Mörder ein Baby in den Armen seiner Mutter und die Mutter obendrein, oder aber er hielt das Kleine, wie es damals mitunter die Gewohnheit der Täter war, am Bein auf Armeslänge von sich, um es dann zu erschießen. Vielleicht mußte die Mutter dies voller Entsetzen mitansehen.«

3 Zu den wenigen Ausnahmen gehört: Gertrud Koch, Eine Welt aus Wille und Vorstellung, in: »Frankfurter Rundschau«, 30. April 1996.

4 Christopher Browning, Ganz normale Männer. Das Reserve-Polizeibataillon 101 und die »Endlösung« in Polen, Reinbek 1993. Gegen Brownings These polemisiert Goldhagen ständig und in ebenso ermüdender wie abstoßender Weise.

5 Mehr zu dieser Methode bei: Ingrid Gilcher-Holtey, Die Mentalität der Täter, in: Julius H. Schoeps (Hrsg.), Ein Volk von Mördern? Die Dokumentation zur Goldhagen-Kontroverse um die Rolle der Deutschen im Holocaust, Hamburg 1996, S. 210–213. Gilcher-Holtey spricht von einer »Habitualisierung von Wahrnehmungsweisen« durch eine »historische Sozialisationsanalyse«.

6 Zu den quellenkritischen Problemen, die sich bei der Auswertung dieser Vernehmungen ergeben: Wolfgang Scheffler, Wider historische Schwarzweißmalerei, in: »Die Mahnung«, 1. Oktober 1996, S. 3 f. Darauf kann ich hier nicht weiter eingehen.

7 Alex Bein, Die Judenfrage. Biographie eines Weltproblems, Bd. 1–2, Stuttgart 1980; Hermann Greive, Geschichte des modernen Antisemitismus in Deutschland, Darmstadt 1983; Jacob Katz, Vom Vorurteil zur Vernichtung. Der Antisemitismus 1700–1933, München 1989; Herbert A. Strauss / Norbert Kampe (Hrsg.), Antisemitismus. Von der Judenfeindschaft zum Holocaust, Bonn 1984.

8 Werner Jochmann, Gesellschaftskrise und Judenfeindschaft in Deutschland 1870–1945, Hamburg 1988; Reinhard Rürup, Emanzipation und Antisemitismus. Studien zur »Judenfrage« in der bürgerlichen Gesellschaft, Göttingen 1975; Shulamit Volkov, Jüdisches Leben und Antisemitismus im 19. und 20. Jahrhundert, München 1991.

9 Mehr dazu bei: Wolfgang Wippermann, Geschichte der deutschen Juden. Darstellung und Dokumente, Berlin 1994, S. 2 ff.

10 Vgl. dazu unten S. 111 ff.

11 Mehr dazu bei: Wolfgang Wippermann, »Wie die Zigeuner«. Antisemitismus und Antiziganismus im Vergleich, Berlin 1997.

12 Mit weiterführenden Hinweisen: Wolfgang Wippermann, Was ist Rassismus? Ideologien, Theorien, Forschung, in: Barbara Danckwortt / Thorsten Querg / Claudia Schöningh

(Hrsg.), Historische Rassismusforschung. Ideologen – Täter – Opfer. Mit einer Einleitung von Wolfgang Wippermann, Hamburg 1995, S. 9–33.

13 Ausführlich dazu: Michael Burleigh / Wolfgang Wippermann, The Racial State. Germany 1933–1945, Cambridge 2. Aufl. 1992.

14 Dies wird ebenfalls kritisiert von: Hans-Ulrich Wehler, Wie ein Stachel im Fleisch, in: Schoeps (Hrsg.), Ein Volk von Mördern?, S. 193–209, bes. S. 204 f; und von: Walter Manoschek, Der Judenmord als Gemeinschaftsunternehmen, in: ebenda, S. 155–160.

15 Ernst Klee, »Euthanasie« im NS-Staat. Die »Vernichtung lebensunwerten Lebens«, Frankfurt / M. 1983; Hans-Walter Schmuhl, Rassenhygiene, Nationalsozialismus, Euthanasie. Von der Verhütung zur Vernichtung »lebensunwerten Lebens«, 1890–1945, Göttingen 1987; Henry Friedlander, The Origins of Nazi Genocide: From Euthanasia to the Final Solution, Chapel Hill 1995; Michael Burleigh, Death and Deliverance. Euthanasia in Germany 1900–1945, Cambridge 1994.

16 So in seinem Aufsatz in der »Zeit« vom 2.8.1996. Im Buch selber ist dies abgeschwächt worden. Hier (S. 178 f.) heißt es: »Die Opfer des ›Euthanasieprogramms‹ waren zwar in ihren (= der Nationalsozialisten) Augen ›lebensunwertes Leben‹, im Vergleich zu den Juden jedoch eine weit geringere Bedrohung für Deutschland.« An anderer Stelle (S. 406): »Kalt und unbeteiligt handelten Deutsche, die im Rahmen des sogenannten Euthanasieprogramms Geisteskranke und Schwerbehinderte töteten. Die meisten von ihnen waren Ärzte und Krankenschwestern, die sich der Opfer in der leidenschaftslosen Weise von Chirugen entledigten, die Wucherungen aus einem Körper herausschneiden.«

17 Goldhagen, Hitlers willige Vollstrecker, S. 370: »Der ideologische Drang, Juden zur Arbeit zu zwingen, entfiel bei anderen Völkern, selbst bei den Sinti und Roma, die die Deutschen ebenfalls völlig entmenschlichten und massenweise vernichteten.« Zur Widerlegung dieser unhaltbaren Äußerung: Romani Rose / Walter Weiss, Sinti und Roma im »Dritten Reich«. Das Programm der Vernichtung durch Arbeit, Göttingen 1991.

18 Goldhagen, Hitlers willige Vollstrecker, S. 634: »Zwar wurden Hunderttausende Zigeuner Opfer der Nationalsozialisten, doch gab es nicht, wie für die Juden, einen umfassenden Plan zu ihrer systematischen Ermordung.«

19 Ruderlaß des Reichsführers SS und Chefs der Deutschen Polizei im Reichsministerium des Innern, Heinrich Himmler, vom 8.12.1939 über die »Bekämpfung der Zigeunerplage«, in: Wolfgang Wippermann, Geschichte der Sinti und Roma in Deutschland. Darstellung und Dokumente, Berlin 1993, S. 80 f.

20 Goldhagen, Hitlers willige Vollstrecker, S. 148.

21 Mechthild Rössler / Sabine Schleiermacher (Hrsg.), Der »Generalplan Ost«. Hauptlinien der nationalsozialistischen Planungs- und Vernichtungspolitik, Berlin 1993. Der »Generalplan Ost« wird von Goldhagen überhaupt nicht erwähnt.

22 Ebenda S. 480.

23 Dies haben nahezu alle Fachhistoriker moniert. So unter anderem: Norbert Frei, Ein Volk von »Endlösern«?, in: »Süddeutsche Zeitung«, 13. / 14. April 1996, in: Schoeps (Hrsg.), Ein Volk von Mödern, S. 93–98; Eberhard Jäckel, Einfach ein schlechtes Buch, in: »Die Zeit«, 17. Mai 1996, in: ebenda, S. 187–192; Jürgen Matthäus in: Zeitschrift für Geschichtswissenschaft 44, 1996, S. 366–368; Manfred Weißbecker, Goldhagens Suche und die Reaktion, in: »Antifa«, Oktober 1996, S. 25 f.; sowie die im folgenden ausführlich erwähnten Artikel von Mommsen und Wehler.

24 Goldhagen, Hitlers willige Vollstrecker, S. 5.

25 Zur Kontroverse zwischen »Strukturalisten« und »Intentionalisten«: Wolfgang Wippermann, Forschungsgeschichte und Forschungsprobleme, in: ders. (Hrsg.), Kontroversen um Hitler, Frankfurt / M. 1986, S. 13–118, bes. S. 80 ff.; Burleigh / Wippermann, Racial State, S. 16 ff.; Ian Kershaw, Der NS-Staat. Geschichtsinterpretationen und Kontroversen im Überblick, Reinbek 1988, bes. S 165 ff.

26 Hans Mommsen, Die Realisierung des Utopischen: Die »Endlösung der Judenfrage« im

»Dritten Reich«, in: Wolfgang Wippermann (Hrsg.), Kontroversen um Hitler, Frankfurt / M. 1986, S. 277 f.

27 Hans Mommsen, Die dünne Patina der Zivilisation. Der Antisemitismus war eine notwendige, aber keineswegs hinreichende Bedingung für den Holocaust, in: »Die Zeit«, 30. August 1996, S. 14.

28 Noch schärfer: Mommsen, Die Realisierung des Utopischen, S. 280 f.: »Daß der Holocaust Realität werden konnte, ist mit ideologischen Faktoren – der Einwirkung der antisemitischen Propaganda wie der autoritären Färbung der tradierten deutschen politischen Kultur – nur unzureichend zu erklären.«

29 Goldhagen, Hitlers willige Vollstrecker, S. 199.

30 Mommsen, Die dünne Patina.

31 Mommsen, Die dünne Patina. Auch in seinen anderen Veröffentlichungen zum Thema hat Mommsen wiederholt die These vertreten, daß die deutsche Arbeiterschaft im Unterschied zur »Oberschicht« nicht antisemitisch eingestellt gewesen sei.

32 Dazu: Marlies Steinert, Hitlers Krieg und die Deutschen. Stimmen und Haltung der deutschen Bevölkerung im Zweiten Weltkrieg, Düsseldorf 1970. Ferner: Ian Kershaw, Popular Opinion and Political Dissent in the Third Reich: Bavaria 1933–1945, Oxford 1983; Otto Dov Kulka / Aron Rodrigue, The German Population and the Jews in the Third Reich. Recent Populations and Trends in Research on German Society and the »Jewish Question«, in: Yad Vashem Studies 16, 1984, S. 421–435; Hans Mommsen, Was haben die Deutschen vom Völkermord gewußt?, in: Walther H. Pehle (Hrsg.), Der Judenpogrom. Von der »Reichskristallnacht« zum Völkermord, Frankfurt / M. 1988, S. 176–200. Zusammenfassung des Forschungsstandes bei: Ursula Büttner, Die deutsche Gesellschaft und die Judenverfolgung – ein Forschungsproblem, in: dies. (Hrsg.), Die Deutschen und die Judenverfolgung im Dritten Reich, Hamburg 1992, S. 8–29. David Bankier, Die öffentliche Meinung im Hitler-Staat. Die »Endlösung« und die Deutschen. Eine Berichtigung, Berlin 1995. Goldhagen stützt sich vor allem auf die Arbeit von Bankier.

33 Mommsen, Die Realisierung des Utopischen, S. 280 f.

34 Mommsen, Die dünne Patina. Mommsen rekurriert hier auf Thesen wie die von Peukert und Baumann über die Beziehungen zwischen Holocaust und »Moderne«. Vgl. dazu oben S. 82 f.

35 Vgl. die Berichte von: Volker Ullrich, Goldhagen und die Deutschen, in: »Die Zeit«, 13. September 1996 und Evelyn Roll, Eine These und drei gebrochene Tabus, in: »Süddeutsche Zeitung«, 9. September 1996.

36 Ich zitiere hier aus Mommsen, Die dünne Patina. In der Berliner Diskussion hat sich Mommsen noch mißverständlicher geäußert.

37 Goldhagen, Hitlers willige Vollstrecker, S. 5.

38 Ebenda S. 533.

39 In: Marx-Engels-Werke, Bd. 8, S. 115.

40 Hans-Ulrich Wehler, Geschichte als Historische Sozialwissenschaft, Frankfurt / M. 1975, S. 27. Auf weitere Einzelheiten und die weitere Ausformung der »Struktur«- oder »Gesellschaftsgeschichte« kann hier nicht weiter eingegangen werden. Als Einführung siehe den vorzüglichen Überblick von: Georg G. Iggers, Geschichtswissenschaft im 20. Jahrhundert. Ein kritischer Überblick im internationalen Zusammenhang, Göttingen 1993.

41 Hans-Ulrich Wehler, Wie ein Stachel im Fleisch, zuerst in: »Die Zeit« vom 14. Mai 1996; erweiterte Fassung in: Julius H. Schoeps (Hrsg.), Ein Volk von Mördern? Die Dokumentation zur Goldhagen-Kontroverse um die Rolle der Deutschen im Holocaust, Hamburg 1996, S. 193–209. Ich zitiere im folgenden aus dieser – längeren – Fassung.

42 Ebenda S. 200.

43 Ebenda S. 203.

44 Ebenda S. 202.

45 Vgl. dazu oben S. 21 f.

46 Ebenda. S. 202.

47 Moshe Zimmermann, Die Fußnote als Alibi, in: »Neue Zürcher Zeitung« vom 29. April 1996, in: Schoeps (Hrsg.), Ein Volk von Mördern?, S. 147–154.
48 Zitiert nach Heyl, Die Goldhagen-Debatte, S. 55.
49 Vgl. dazu: Joscha Schmierer, Ihr im Polizeibataillon, wir beim Einkaufsbummel, in: »Kommune« 4 / 1996, S. 20–22.
50 Ebenda S. 203.
51 Vgl. das Unterkapitel »Der Völkermord an den Juden in vergleichender Perspektive«, in: Goldhagen, Hitlers willige Vollstrecker, S. 477–485.
52 Ebenda S. 483.
53 Ebenda S. 484.
54 Ebenda S. 482.
55 Dies geschieht nur in einer einzigen Anmerkung auf S. 559.
56 Wehler äußert sich jedoch in der Rezension sehr widersprüchlich, wenn er einmal erklärt: »Der Holocaust bleibt aus den genannten Gründen ein einzigartiger Massenmord«, um dann jedoch im folgenden Satz den Vergleich einzufordern: »Kann man aber in einem Buch wie diesem solche Fragen des Vergleichs einer radikalen Stromlinienführung opfern?« Wehler, Wie ein Stachel im Fleisch, S. 205.
57 Wehler, Wie ein Stachel im Fleisch, S. 198.
58 Ebenda S. 200.
59 Vgl. dazu: Wolfgang Benz, Kollektivschuld, in: ders., (Hrsg.), Legenden, Lügen, Vorurteile. Ein Lexikon zur Zeitgeschichte, München 1990, S. 113–115.
60 Zu Ritter und seiner Kontroverse mit Meinecke: Wolfgang Wipperman, Friedrich Meineckes »Die deutsche Katastrophe« – Ein Versuch zur deutschen Vergangenheitsbewältigung, in: Michael Erbe (Hrsg.), Friedrich Meinecke heute, Berlin 1982, S. 101–121.
61 Zitiert nach: Helmut Ruppel / Ingrid Schmidt / Wolfgang Wippermann, »... stoßet nicht um weltlich Regiment«? Ein Erzähl- und Arbeitsbuch vom Widerstand im Nationalsozialismus, Neukirchen 1986, S. 34 f.
62 Karl Jaspers, Die Schuldfrage. Zur politischen Haftung Deutschlands, Neuauflage München 1987 (zuerst: 1946). Jaspers Name wurde, so weit ich sehe, in der gesamten Debatte noch nicht einmal erwähnt. Auch dies ein Zeichen dafür, daß die Diskussion über die Kollektivschuldthese sehr oberflächlich war.
63 Zu den ganz wenigen Rezensenten, die dies richtiggestellt haben, gehört Ulrich Herbert, Die richtige Frage, in: Schoeps (Hrsg.), Ein Volk von Mördern?, S. 214–224, S. 214.
64 Ich gehörte zu den Ausnahmen. Vgl.: Wolfgang Wippermann, (K)ein Volk von Tätern?, in: »Allgemeine Jüdische Wochenschrift«, 9 /96, 2. Mai 1996.
65 Zu den ausländischen Rezensionen, auf die im folgenden nur am Rande hingewiesen wird: Matthias Heyl, Die Goldhagen-Debatte im Spiegel der englisch- und deutschsprachigen Rezensionen von Februar bis Juli 1996. Ein Überblick, in: »Der Mittelweg« Nr. 4, August / September 1996, S. 41–56.
66 So von: Werner Birkenmaier, Ein zorniges, moralisches Buch, in: »Stuttgarter Zeitung«, 16. August 1996, der Goldhagen gleichzeitig vorwirft, »eine massive Attacke gegen das Christentum« geführt zu haben.
67 Darauf hingewiesen hat Hanno Loewy, Ein auserwähltes Volk? Anmerkungen zur schnellen Erledigung von Daniel Jonah Goldhagens Buch »Hitlers Willing Executioners«, in: Fritz Bauer Institut Newsletter Nr. 11, September 1996, S. 32–35, S. 33.
68 So vor allem von Marion Gräfin Dönhoff, Mit fragwürdiger Methode. Warum das Buch in die Irre führt, in: »Die Zeit«, 24. Mai 1996.
69 Goldhagen, Hitlers willige Vollstrecker, S. 143–147. Goldhagen stützt sich hier fast ausschließlich auf den Aufsatz von: Christof Dipper, Der deutsche Widerstand und die Juden, in: Geschichte und Gesellschaft 9, 1983, S. 349–380.
70 Wolfgang Wippermann, Alibi für Auschwitz? Das Bild des Widerstandes in beiden deutschen Staaten, in: Nes Ammim. Zeichen für die Völker 1 / 1994, S. 2–11.

71 Vgl. dazu die – viel zu positive – Darstellung von: Friso Wielenga, Schatten deutscher Geschichte. Der Umgang mit dem Nationalsozialismus und der DDR-Vergangenheit in der Bundesrepublik, Vierow bei Greifswald 1995. Sehr hagiographisch ist auch: Christa Hoffmann, Stunde Null? Vergangenheitsbewältigung in Deutschland 1945–1989, Bonn 1992. Informativ und aus internationaler Perspektive: Rolf Steininger (Hrsg.), Der Umgang mit dem Holocaust. Europa – USA – Israel, Wien 1994. Sehr interessant, aber auf die 50er Jahre beschränkt ist: Norbert Frei, Vergangenheitspolitik. Die Anfänge der Bundesrepublik und die NS-Vergangenheit, München 1996.

72 Jost Nolte, Sisyphos ist Deutscher, in: Schoeps (Hrsg.), Ein Volk von Mördern?, S. 110–113 (zuerst in: »Die Welt«, 16. April 1996.)

73 Ebenda S. 112.

74 Ebenda S. 111.

75 Mit Recht kritisiert wird dies von: Loewy, Ein auserwähltes Volk?, S. 33.

76 Peter Glotz, Nation der Killer?, in: »Die Woche«, 19. April 1996, in: Schoeps (Hrsg.), Ein Volk von Mördern?, S. 125–129, S. 125.

77 Mariam Niroumand, Little Historians, in: »die tageszeitung« vom 13. / 14. April 1996.

78 So bereits Matthias Arning und Rolf Pasch, Die provokanten Thesen des Mister Goldhagen, in: »Frankfurter Rundschau« vom 12. April 1996. Hier heißt es: »Was und wieviel daran (= an Goldhagens Buch) wirklich neu ist, wird dabei in der US-Debatte bisher nur selten gefragt, diskutieren hier doch meist jüdische Nicht-Historiker, sprich Journalisten und Kolumnisten unter sich.« Diese »jüdischen Kolumnisten« und »Nichthistoriker« tauchten dann auch in Augsteins Verriß auf. Vgl.: Rudolf Augstein, Der Soziologe als Scharfrichter, in: »Der Spiegel« vom 15. April 1996, in: Schoeps (Hrsg.), Ein Volk von Mördern?, S. 106–109, S. 106.

79 Henryk M. Broder walzt diese Vermutung zu einem ganzen Artikel aus, in dem ständig über die Vater-Sohn-Beziehungen zwischen Erich und Daniel Goldhagen spekuliert wird. Dies ist mehr als unseriös. Vgl.: Henryk M. Broder, »Ich bin sehr stolz«, in: »Der Spiegel«, 20. Mai 1996.

80 Mariam Niroumand, Little Historians, in: »die tageszeitung« vom 13. / 14. April 1996.

81 Jörg von Uthmann, Völkerspsychologie, in: »Der Tagesspiegel« vom 14. April 1996. Dies ist nebenbei gesagt vielleicht die gehässigste Rezension überhaupt. Sie endet mit einem scharfen Angriff auf die angeblich bedrohte »Meinungsfreiheit in Amerika«, weil ein amerikanischer Verlag ein Buch des bekannten britischen Revisionisten David Irving nicht auf den Mark gebracht habe. Die Redaktion des »Tagesspiegels« hat diese Ausfälle nicht bedauert, sondern in der Folgezeit weitere negative Artikel über Goldhagen gebracht, in denen gleichzeitig heftig gegen »Die Zeit« polemisiert wurde. Vgl.: Malte Lehming, Bekenntniszwang, in: »Der Tagesspiegel«, 15. April 1996.

82 Niroumand, Little Historians. Ähnlich Uthmann, Völkerpsychologie; und Lehming, Bekenntniszwang, der sich zu dem folgenden völlig deplacierten Satz hinreißen läßt: »Auch der Bekenntniszwang ist ein Meister aus Deutschland.«

83 Rudolf Augstein, Der Soziologe als Scharfrichter, in: Schoeps (Hrsg.), Ein Volk von Mördern?, S. 106–109. Auch die Überschrift dieses bemerkenswerten Artikels von Augstein ist falsch. Goldhagen ist nämlich Politikwissenschaftler und kein Soziologe. Der Gipfel der Peinlichkeit war ein Bild Goldhagens, das mit der Unterschrift »›Henker‹ Goldhagen« versehen war. Alles in: »Der Spiegel« vom 15. April 1996.

84 Dazu: Avram Andrei Baleanu, Der »ewige Jude« in: Julius H. Schoeps / Joachim Schlör (Hrsg.), Antisemitismus. Vorurteile und Mythen, München 1995, S. 96–102.

85 Dazu: Freddy Raphael, »Der Wucherer«, in: Schoeps / Schlör (Hrsg.), Antisemitismus, S. 103–120; Alex Bein, Die Judenfrage. Biographie eines Weltproblems, Stuttgart 1989, Bd. 1–2, Bd. 2, S. 91 f.

86 Vgl. dazu die schon erwähnte Rezension von Henning Schlüter über Bernd Greiner, Die

Morgenthau-Legende. Zur Geschichte eines umstrittenen Plans, Hamburg 1995 in: »Frankfurter Allgemeine Zeitung«, 13. September 1995.

87 Fritjof Meyer, Ein Volk von Dämonen?, in: »Der Spiegel«, 20. Mai 1996.

88 Entlarvung dieser Legende durch: Wolfgang Benz, Judenvernichtung aus Notwehr? Vom langen Leben einer rechtsradikalen Legende, in: ders. (Hrsg.), Rechtsradikalismus in der Bundesrepublik. Voraussetzungen, Zusammenhänge, Wirkungen, Frankfurt / M. 1989, S. 169–188.

89 Widerlegung dieser Legende, die von Nolte und vielen Revisionisten immer wieder vorgebracht wird, durch: Hellmuth Auerbach, »Kriegserklärungen« der Juden an Deutschland, in: Benz (Hrsg.), Legenden, Lügen, Vorurteile, S. 118–123.

90 Vgl. dazu: Christhard Hoffmann, Das Judentum als Antithese. Zur Tradition eines kulturellen Wertungsmusters, in: Werner Bergman / Rainer Erb (Hrsg.), Antisemitismus in der politischen Kultur nach 1945, Opladen 1990, S. 20–38.

91 Jacob Heilbrunn, Ankläger und Rächer, in: »Der Tagespiegel« vom 31. März 1996. Dies war übrigens die erste deutschsprachige Rezension des Goldhagen-Buches, und sie war vernichtend.

92 Andrei S. Markovits, Störfall im Endlager der Geschichte, in: Schoeps (Hrsg.), Ein Volk von Mördern?, S. 228–240, S. 237.

93 So gesehen war der eigentlich unsinnige Titel des erwähnten Sammelbandes von Schoeps (Hrsg.), Ein Volk von Mördern?, gut gewählt, wobei jedoch immer wieder darauf hinzuweisen ist, daß Goldhagen solche pauschalisierenden Aussagen gar nicht gemacht hat.

94 Alfred de Zayas, Kein Stoff für Streit. Goldhagens Unfug, Goldhagens Unwissenheit, in: »Frankfurter Allgemeine Zeitung«, 12. Juni 1996.

95 Frank Schirrmacher, Hitlers Code, in: »Frankfurter Allgemeine Zeitung« vom 15. April 1996, in: Schoeps (Hrsg.), Ein Volk von Mördern?, S. 99–105.

96 Wenn in Angriffen gegen Juden jiddische Wörter verwandt werden, so ist dies meist ein Anzeichen von einer zumindest verdeckten feindlichen Einstellung gegenüber Juden.

97 Augstein, Der Soziologe als Scharfrichter, S. 107 f.

98 Peter Glotz, Nation der Killer?, in: »Die Woche«, 19. April 1996, in: Schoeps (Hrsg.), Ein Volk von Mördern?, S. 125–129.

99 Alfred de Zayas, Ein Volk von willigen Henkern?, in: Criticón 150, Mai/Juni 1996, S. 83–86. Ansonsten ist dieser Artikel mit de Zayas' schon besprochener Rezension in der FAZ identisch, was nicht weiter auffällt, weil FAZ und Criticón ohnehin nicht weit von einander entfernt sind.

100 Ich verweise auf einen Artikel des Revisionisten Bradley R. Smith, den dieser im November 1991 in verschiedenen amerikanischen Studentenzeitungen als Anzeige veröffentlichte. So in: »The Chronicle« (= Zeitung der Duke University), 5. November 1991.

101 Zitiert nach: Stefan Ripplinger, Der kollektive Kinkel, in: »junge Welt«, 9. Mai 1996.

102 Uwe Soukop, Das Holocaust-Personal, in: »junge Welt«, 17. April 1996.

103 Unter anderem von Tjark Kunstreich in: »junge Welt«, 4. Mai 1996 und Stefan Vogt, in: »junge Welt«, 11./12. Mai 1996.

104 Uwe Soukop, Hätte die Revolution doch gesiegt! Kann man den Nationalsozialismus ohne die Klassenkämpfe in der Weimarer Republik erklären?, in: »junge Welt«, 20. Mai 1996.

105 Reinhard Kühnl, Kampf ums Geschichtsbild, in: »junge Welt«, 24. Juni 1996.

106 Jürgen Elsässer, Kollektivschuld?, in: »junge Welt«, 6. August 1996.

107 »Junge Freiheit« Nr. 20/96; 10. Mai 1996, S. 3.

108 Eine Ausnahme war Hans B. von Sothen, der sich in der »Jungen Freiheit« über das um Goldhagens Buch »inszenierte Spektakel« mokierte und genüßlich die ebenso negativen wie nationalistischen Kritiken in der »Frankfurter Rundschau« und der »tageszeitung« zitierte, um dann – allerdings zu voreilig – zu konstatieren, daß sich »der Wind gedreht«

habe. Vgl.: Hans B. von Sothen, Vermarktete Anklagen, in: »Junge Freiheit«, 26. April 1996.

109 Volker Ullrich, Goldhagen und die Deutschen, in: »Die Zeit«, 13. September 1996; Evelyn Roll, Eine These und drei gebrochen Tabus, in: »Süddeutsche Zeitung«, 9. September 1996. Sehr säuerlich dagegen: Malte Lehming, Plastische Nähe. Daniel Jonah Goldhagen in Berlin, in: »Der Tagesspiegel«, 7. September 1996; und: Rolf Schneider, Ein Historiker und das Marketing, in: »Berliner Morgenpost«, 7. September 1996.

110 Wolfgang Wippermann, Auch Gegenwart ist unser Problem, in: »Thüringische Landeszeitung«, 21. September 1996.

111 Vgl. dazu den »Epilog. Die nationalsozialistische Revolutution in Deutschland«, in: ebenda S. 533–439, in dem Goldhagen genau das Gegenteil behauptet, nämlich daß die Nationalsozialisten eine »Umwälzung der Gesellschaft« angestrebt hätten, durch die »die Grundlagen der europäischen Zivilisation verleugnet« werden sollten, weil das »soziale Gefüge Europas« nach »rassenbiologischen Grundsätzen« umgestaltet werden sollte (ebenda S. 536). Gerade dieser These stimme ich völlig zu.

112 So meine Einschätzung in: Wolfgang Wippermann, Die Entsorgung der Vergangenheit. Der »Historikerstreit« ist in eine neue Phase getreten, in: Evangelische Kommentare 7/1996, S. 416–419.

Zusammenfassung
Wessen Schuld?
Vom Historikerstreit zur Goldhagen-Kontroverse

»Aber gleichwohl muß die folgende Frage als zulässig, ja unvermeidbar erscheinen: Vollbrachten die Nationalsozialisten, vollbrachte Hitler eine ›asiatische‹ Tat vielleicht nur deshalb, weil sie sich und ihresgleichen als potentielle oder wirkliche Opfer einer ›asiatischen‹ Tat betrachteten? War der Archipel Gulag ursprünglicher als Auschwitz?«

Diese rhetorischen Fragen hat Ernst Nolte in einem Zeitungsartikel gestellt, der im Sommer 1986 in der FAZ erschien. Noltes kausale Verknüpfung von Bolschewismus und Nationalsozialismus rief wenig später die heftige Kritik von Jürgen Habermas hervor, der gleichzeitig noch den angesehenen Historiker Andreas Hillgruber attackierte, weil dieser in einem Aufsatzband eine Verbindung zwischen der Vernichtung der Juden und der Vertreibung der Deutschen hergestellt hatte. Damit brach eine Kontroverse aus, die sehr bald als »Historikerstreit« bezeichnet wurde, obwohl sich daran keineswegs nur Historiker beteiligten und obwohl dabei keine neuen historischen Sachverhalte entdeckt wurden. Statt dessen ging es um folgendes:

Einmal um die ganz offensichtlich politisch motivierte Intention Noltes, unter die nationalsozialistische »Vergangenheit«, die, wie er beklagte, »nicht vergehen will«, einen »Schlußstrich« zu ziehen. Doch dies wurde ebenso abgelehnt wie die von Nolte behauptete Kausalität von kommunistischem Klassen- und nationalsozialistischem Rassenmord, der damit weitgehend entschuldet und zu einer Art Notwehraktion verharmlost wurde. Im »Historikerstreit« ging es drittens um die Frage, ob die nationalsozialistischen Verbrechen, für die Auschwitz zum Symbol geworden ist, mit denen in anderen Regimen verglichen werden könnten. Auch dies wurde zurückgewiesen. Vergleiche mit anderen Regimen würden zu einer Aufrechnung unserer Schuld führen. Auschwitz sei ein historisch singuläres Phänomen. Einige Diskutanten meinten sogar, daß die nationalsozialistische Judenvernichtung nicht nur einzigartig, sondern letztlich auch unerklärbar sei. Der Holocaust markiere die »Grenzen des Verstehens« (Hanno Loewy).

Heute, über zehn Jahre nach Beginn des »Historikerstreits«, ist fast alles anders. Heute scheinen die damaligen moralisch und ethisch begründeten Warnungen vor einem Vergleich der nationalsozialistischen und kommunistischen Verbrechen vergessen zu sein, obwohl, wie selbst der vehemente Befürworter derartiger Vergleiche, Imanuel Geiss, einräumt, »jeder strukturelle Vergleich (...) unvermeidlich auch zur strukturellen Relativierung« führt. Doch derartige Relativierungen und vergleichenden Verharmlosungen der unvergleichbaren nationalsozialistischen Verbrechen nimmt man in Kauf.

Dies begann 1991 während des Golfkrieges mit der Gleichsetzung von Hitler und Saddam Hussein. Beide seien, wie sich Hans Magnus Enzensberger ausdrückte, »Feinde des Menschengeschlechts«. Bei beiden habe man es »nicht mit einer deutschen, nicht mit einer arabischen, sondern mit einer anthropologischen Tatsache zu tun«. Nach Saddam Hussein kam Honecker, der nun mit Hitler verglichen wurde, nachdem ihm kurz zuvor in Bonn und anderswo die roten Teppiche ausgerollt worden waren.

Doch während der Vergleich Hitler gleich Saddam Hussein noch in der »Hitze des Gefechts« bzw. aus Entsetzen über die irakischen Gasangriffe auf israelische Städte erfolgte, ist die Hitler-gleich-Honecker-These aus der neuen DDR-Forschung schon gar nicht mehr wegzudenken. Was noch während des Historikerstreits selbst von Nolte nicht vorgeschlagen wurde, ist fast communis opinio geworden: Zwischen Gestapo und Stasi, zwischen Auschwitz und Bautzen, zwischen der kleinen DDR und dem »großdeutschen Reich« werden Vergleiche gezogen und Ähnlichkeiten festgestellt. Diese Dämonisierung der DDR führt zu einer Trivialisierung des Dritten Reiches.

Von neurechten Ideologen wie Karlheinz Weißmann ist dies begeistert begrüßt worden. Die »Konfrontation mit der Wirklichkeit des anderen großen totalitären Regimes«, womit Weißmann die DDR meinte, habe zu einem »Paradigmenwechsel« geführt. Die, wie sie von Weißmann genannt wurden, »Aufklärungs-Fundamentalisten« hätten im »Historikerstreit« nur einen »Pyrrhus-Sieg« errungen. Diese Einschätzung ist nicht falsch, wenn man sich den

Fortgang einer Debatte ansieht, die ursprünlich nur ein Nebenschauplatz des Historikerstreits war.

Gemeint ist die Diskussion über die deutsche Schuld am Zweiten Weltkrieg. Sie zu bezweifeln, blieb lange Zeit nur einigen Rechtsradikalen und Generälen Hitlers vorbehalten, die ihren »verlorenen Siegen« (v. Manstein) nachtrauerten und den Siegern des Zweiten Weltkrieges vorwarfen, Deutschland in den Krieg getrieben zu haben. Doch diesen und anderen Versuchen, die alleinige deutsche Kriegsschuld zu leugnen, erteilten alle deutschen Fachhistoriker eine klare Absage, weil, wie es Andreas Hillgruber formulierte, an der »Entfesselung des Krieges von 1939 durch Hitler-Deutschland von Anfang an kein ernst zu nehmender Zweifel bestand«.

Hillgrubers Mahnung wurde jedoch nicht beherzigt. Heute wird von einigen Historikern allen Ernstes behauptet, daß 1939 die Polen mit Billigung Churchills und Roosevelts Hitler zum Angriff provoziert hätten. Ferner wird bezweifelt, ob es sich beim deutschen Überfall auf die Sowjetunion von 1941 tatsächlich um einen »Überfall« gehandelt habe. Hitler sei Stalin nur zuvorgekommen und habe versucht, Stalins »Vernichtungskrieg« abzuwehren. Diese Präventivkriegsthese, die aus der nationalsozialistischen Propaganda stammt, ist von einem übergelaufenen KGB-Agenten übernommen worden, der sich »Suworow« nennt, und wird heute unter anderem von dem Hitler-Forscher Werner Maser und dem ehemaligen leitenden Mitarbeiter des Militärgeschichtlichen Forschungsamtes Joachim Hoffmann vertreten.

Während diese Historiker die deutsche Kriegsschuld abstreiten (und auch einige Aspekte des Holocaust bezweifeln), haben einige jüngere Historiker und neurechte Ideologen den Versuch gemacht, die nationalsozialistischen Verbrechen dadurch zu relativieren, indem sie auf die angeblich »positiven« Aspekte des Dritten Reiches verweisen. Sie nennen dies unter mißbräuchlicher Verwendung des von Martin Broszat geprägten, mißverständlichen Begriffes »Historisierung des Nationalsozialismus«. Mit »Historisierung« ist Verharmlosung gemeint. Schließlich habe, wie sich Uwe Backes, Eckhard Jesse und Rainer Zitelmann ausdrückten, das Dritte Reich auch »positive Seiten« gehabt, weil es eine »progressive Sozialpolitik« betrieben und im Grunde ja nur einige »Minderheiten und Randgruppen« verfolgt habe. Das Dritte Reich sei ein »modernes« Regime, ja ein »Sozialstaat« (Weißmann) gewesen. Daher könnten und sollten die Deutschen getrost aus dem »Schatten der Vergangenheit« heraustreten und sich als Angehörige einer »selbstbewußten Nation« präsentieren.

Um zu einer solchen »selbstbewußten Nation« in Gegenwart und Zukunft zu werden, reicht eine Relativierung und Trivialisierung der NS-Zeit nicht aus. Hinzu muß, wie dies bereits Hans-Ulrich Wehler in seinem brillanten Essay zum Historikerstreit gezeigt hat, eine vollkommene »Entsorgung der deutschen Vergangenheit« kommen. Ein Mittel dazu ist der Hinweis auf die geographische »Mittellage« Deutschlands. Sie sei, wie dies Historiker wie Michael Stürmer und Hagen Schulze beklagten, »Versuchung und Verdammnis« und »Teil des deutschen Schicksals«. Diese »Mittellagen-Theologie«, wie Wehler spottete, wurde jedoch während des Historikerstreits vornehmlich dazu verwandt, um die unbestreitbaren Untaten der Deutschen zu entschuldigen. Dies hat sich inzwischen geändert. Wehlers Befürchtung, daß mit dieser »Mittellagen-Rhetorik« ein neuer »geopolitisch determinierter deutscher Sonderweg« beschritten werden könnte, hat sich bewahrheitet.

Einmal wurde die, wie sie Wehler mit Recht charakterisierte, »pseudowissenschaftliche Geopolitik der Jahrzehnte bis 1945«, die unter anderem von Friedrich Ratzel, Rudolf Kjellén, Halford Mackinder und Karl Haushofer entwickelt worden ist, wieder rehabilitiert. »Geographie und Mitte« seien »elementare Faktoren der Geschichte«, erklärte Imanuel Geiss. Was sollen sie bewirken? Die Deutschen sollten, wie verschiedene jüngere Historiker und neurechte Ideologen nun vorschlagen, diese »geographische Mittellage« nutzen, keine »Angst vor der Macht« haben und »wieder«(!) »Weltmachtpolitik« betreiben. Wo und wie? Einige schlagen vor, aus der NATO auszutreten und generell die »Westbindung« zu lösen. Andere träumen von einem »deutschen Mitteleuropa«. Der Verleger Wolf Jobst Siedler spekulierte sogar darüber, ob Deutschland »in fünf, zehn oder fünfundzwanzig Jahren« nicht darum herumkomme, »Osteuropa ökonomisch zu durchdringen«, wobei »ihm auf diesem Wege (das) zufallen (werde), was das Dritte Reich mit ein paar hundert Divisionen nicht erreichte – die Vorherrschaft in jenen unübersehbaren Räumen zwischen Weichsel, Bug, Dnjepr und Don«.

Aus diesen Träumen über eine künftige deutsche Hegemonie in ganz Osteuropa, ja im gesamten »eurasischen Raum« wurden diese Ideologen und selbsternannten Großmachtpolitiker jedoch unsanft durch Daniel Goldhagen herausgerissen, der zum Entsetzen fast aller deutschen Rezensenten darauf hinwies, daß »in jenen unabsehbaren Räumen« im Osten Millionen Juden von »Hitlers willigen Vollstreckern« ermordet wurden, die durchaus wußten, was und warum sie dies taten. Sie hätten aus Überzeugung gemordet, weil sie von einem »eliminatorischen Antisemitismus« beseelt gewesen seien. In dieser Einstellung hätten sie sich von der Mehrheit der damaligen Deutschen nicht unterschieden, denn der Antisemitismus sei tief in der deutschen Geschichte und Kultur verwurzelt. Daher müsse man den Holcaust als ein »deutsches Projekt« bezeichnen.

Nicht die unverkennbaren fachlichen Mängel des gesamten Buches, sondern diese Behauptung hat in Deutschland einen Entrüstungssturm entfacht, der überwiegend nationalistisch und teilweise sogar antisemitisch motiviert war. Die vorgeblich »selbstbewußte Nation« fühlt sich durch den (jüdischen) »Scharfrichter« (nach Rudolf Augstein) provoziert und weist alle »Schuld« und selbst die historische Verantwortung weit von sich.

Damit ist die Diskussion wieder da angelangt, wo sie vor zehn Jahren begann, bei der »Vergangenheit, die nicht vergehen will« (Nolte). Der Historikerstreit ist nicht beendet, er ist in eine neue Phase getreten. Der Sieger steht nicht fest, der Kampf um die kulturelle Hegemonie der Gegenwart durch Bewältigung der Vergangenheit geht weiter, die Schuldfrage ist weder gelöst noch obsolet geworden.

Kommentierte Literaturhinweise zum Historikerstreit, dem historischen Revisionismus und zur Goldhagen-Kontroverse

Assheuer, Thomas/Sarkowicz, Hans: Rechtsradikale in Deutschland. Die alte und die neue Rechte, München 1990

(Dieses Buch über Geschichte und Ideologie der alten und neuen Rechten ist hier vor allem deshalb zu erwähnen, weil es auch ein zwar knappes, aber informatives Kapitel über den historischen Revisionismus enthält.)

Bailer-Galanda, Brigitte/Benz, Wolfgang/Neugebauer, Wolfgang (Hrsg.): Die Auschwitzleugner. »Revisionistische« Geschichtslüge und historische Wahrheit, Berlin 1996

(In diesem Buch, an dem verschiedene deutsche und österreichische Historiker mitgewirkt haben, werden einmal die Lügen der »radikalen Revisionisten« entlarvt und Hinweise gegeben, wie sie mit juristischen, politischen und didaktischen Methoden zu bekämpfen sind. Verschiedene weitere Beiträge beschäftigen sich zudem mit den Thesen der gemäßigten Revisionisten über die sogenannte Präventivkriegsthese, die »Wiedergutmachung« und die angeblich »modernen« Aspekte des Dritten Reiches.)

Bastian, Till: Auschwitz und die »Auschwitz-Lüge«. Massenmord und Geschichtsfälschung, München 1994

(Dieses knappe Buch enthält einen kurzen Überblick über die »Endlösung« im allgemeinen und die Geschichte des Vernichtungslagers Auschwitz im besonderen, der leider einige sachliche Fehler enthält. Zur »Auschwitzlüge« und zur »revisionistischen« Literatur äußert sich Bastian nur auf 16 Seiten. Die abschließenden Bemerkungen über die »Motive der Träger« und die »Sozialpathologie vieler Mitläufer und stummen Dulder« sind nicht sehr erhellend.)

Benz, Wolfgang (Hrsg.): Rechtsextremismus in der Bundesrepublik. Voraussetzungen, Zusammenhänge, Wirkungen, Frankfurt / M. 1989 (zuerst 1980)

(Im Unterschied zu verschiedenen anderen Arbeiten über den »Rechtsextremismus« beschäftigen sich die einzelnen Aufsätze (die jeweils aktualisiert wurden) keineswegs nur mit der Geschichte und Organisation einzelner »rechtsextremer« Parteien und Organisationen, sondern gehen auch ausführlich und kenntnisreich auf die rechtsextremistische Ideologie im allgemeinen, den Revisionismus im besonderen ein. Besonders erwähnenswert sind in diesem Zusammenhang die Beiträge von Hermann Graml über »Alte und neue Apologeten Hitlers«, Hans Sarkowicz über »Publizistik in der Grauzone« und von Wolfgang Benz über »Judenvernichtung aus Notwehr?«)

Benz, Wolfgang (Hrsg.): Legenden, Lügen, Vorurteile. Ein Lexikon zur Zeitgeschichte, München 1990

(Dies ist zwar kein Buch über den Historikerstreit und den historischen Revisionismus, dennoch werden verschiedene der hier zu findenden Argumente in knappen, aber sehr informativen Artikeln widerlegt.)

Butterwegge, Christoph: Rechtsextremismus, Rassismus und Gewalt. Diskussion wichtiger Erklärungsmodelle, Darmstadt 1996

(In diesem Überblick über die Rechtsextremismusforschung werden die soziologischen und sozialpsychologischen Erklärungsmodelle kritisiert und zu Recht auf die Vernachlässigung ideologischer Momente verwiesen.)

Diner, Dan (Hrsg.): Ist der Nationalsozialismus Geschichte? Zu Historisierung und Historikerstreit, Frankfurt / M. 1987

(Die Beiträge beschäftigen sich mit einigen Themen, die während des sogenannten »Historikerstreits« diskutiert wurden, sowie generell mit Fragen der Darstellung und Erklärung des Nationalsozialismus.)

Evans, Richard: Im Schatten Hitlers? Historikerstreit und Vergangenheitsbewältigung in der Bundesrepublik, Frankfurt/M. 1991
(Der englische Historiker Richard Evans geht zwar vornehmlich auf den »Historikerstreit« der achtziger Jahre ein, weist aber nach, daß die Diskussion über die »Mittellage«, die »Kriegsschuld«, die Frage der Vergleichbarkeit des Dritten Reiches mit anderen Regimen und die Einschätzung der Verfolgung der sogenannten anderen Opfer des Nationalsozialismus auch schon vor, nach und außerhalb des relativ begrenzten Feldes dieser Kontroverse anzutreffen waren.)

Faber, Richard/Funke, Hajo/Schoenberner, Gerhart (Hrsg.): Rechtsextremismus. Ideologie und Gewalt, Berlin 1995
(In diesem Band werden nicht nur die Geschichte und Organisationen, sondern in verschiedenen Beiträgen auch die Ideologie des Rechtsextremismus behandelt, in deren Mittelpunkt die Relativierung der nationalsozialistischen Vergangenheit steht.)

Friedländer, Saul: Kitsch und Tod. Der Widerschein des Nazismus, 2. Aufl. München 1986
(Der glänzende Essay des israelischen Historikers ist zwar vor Ausbruch des »Historikerstreits« geschrieben, geht jedoch in einer fast schon prophetisch zu nennenden Weise auf Argumente und Diskurse ein, die auch die heutige Auseinandersetzung bestimmen. Dies gilt insbesondere für die Kritik der Versuche, den Nationalsozialismus zu »historisieren« sowie ihn durch aufrechnende Vergleiche zu trivialisieren. Dabei macht Friedländer immer wieder auf die fließenden Übergänge zu den »Argumenten« und Methoden der »Revisionisten« aufmerksam. Ganz aktuell sind schließlich seine Bemerkungen zur Sprache der (vornehmlich deutschen) Historiker einerseits, der »Vermarktung« des Nationalsozialismus andererseits.)

Gessenharter, Wolfgang: Kippt die Republik? Die Neue Rechte und ihre Unterstützung durch Politik und Medien, München 1994
(Ein wichtiges Buch über die Verbreitung rechtsextremer und revisionistischer Thesen in Politik und Öffentlichkeit.)

Giordano, Ralph: Die zweite Schuld oder von der Last Deutscher zu sein, Hamburg 1987

(Giordano hat und wollte kein wissenschaftliches Buch schreiben, dennoch enthält diese engagierte Auseinandersetzung eines Betroffenen mit der sogenannten Vergangenheitsbewältigung verschiedene treffende Bemerkungen und kritische Anmerkungen zu revisionistischen Thesen und Argumenten, die immer noch aktuell und bedeutsam sind.)

Goldhagen, Daniel Jonah: Hitlers willige Vollstrecker. Ganz gewöhnliche Deutsche und der Holocaust, Berlin 1996

(Im Vorwort zu dieser deutschen Ausgabe ist Goldhagen bereits auf einige Argumente seiner Kritiker eingegangen, wobei er jedoch den Zusammenhang mit dem Historikerstreit nicht erkennt.)

Hildebrand, Klaus: Das Dritte Reich, 4. Aufl. München 1991

(Dem Konzept der Reihe entsprechend enthält diese Geschichte des Dritten Reiches einen zweiten Teil über »Grundprobleme und Tendenzen der Forschung«. Hier macht Hildebrand, der sich auch am Historikerstreit beteiligt hat, deutlich, daß und warum er die Thesen der sogenannten Strukturalisten strikt ablehnt.)

»Historikerstreit«. Die Dokumentation der Kontroverse über die Einzigartigkeit der nationalsozialistischen Judenvernichtung, München 1987

(Der Band enthält die Artikel und kleineren Aufsätze, die während des sogenannten Historikerstreits entstanden sind, bei dem es übrigens keineswegs nur um die Frage der »Einzigartigkeit der nationalsozialistischen Judenvernichtung« ging. Liest man den Band heute wieder, erkennt man, wie sehr sich das geistige Klima in den letzten zehn Jahren verändert hat. Positionen, die damals scharf kritisiert oder völlig mit Mißachtung gestraft wurden, bewegen sich nämlich fast schon im historiographischen mainstream. Dies wird insbesondere dann deutlich, wenn man die Reaktionen auf Goldhagens Buch vergleichend heranzieht.)

Iggers, Georg G.: Geschichtswissenschaft im 20. Jahrhundert. Ein kritischer Überblick im internationalen Zusammenhang, Göttingen 1993
(Der amerikanische Historiker Iggers gibt den wohl besten Überblick über die Schulen und Methoden der gegenwärtigen deutschen Geschichtswissenschaft, wobei er jedoch nur knapp auf den Historikerstreit und auf den historischen Revisionismus überhaupt nicht eingeht.)

Jaspers, Karl: Die Schuldfrage. Zur politischen Haftung Deutschlands, Neuauflage München 1987
(Diese bereits 1946 geschriebene Abhandlung des Philosophen Jaspers über die politischen, juristischen und ethischen Aspekte der Schuldfrage ist die zweifellos beste und tiefschürfendste zum Thema, die daher immer wieder neu gelesen und diskutiert werden sollte.)

Kellershohn, Helmut (Hrsg.): Das Plagiat. Der Völkische Nationalismus der Jungen Freiheit, Duisburg 1994
(Der Band enthält verschiedene Aufsätze über die Ideologie und Politik dieser neurechten Zeitschrift, wobei vor allem der von Alfred Schobert über »Geschichtsrevisionismus à la carte. Mit Nolte und Zitelmann gegen ›Westextremismus‹« sowie der von Alfred Schobert und Ronald Papke über »Ab durch die Mitte. Der Mitteleuropa-Gedanke in der Jungen Freiheit« in unserem Zusammenhang zu erwähnen sind, weil sie zeigen, wie revisionistische Thesen und Themen von dieser Zeitschrift besetzt und verbreitet werden, die mit Recht als »Blockadebrecher der Neuen Rechten« bezeichnet worden ist.)

Kershaw, Ian: Der NS-Staat. Geschichtsinterpretationen und Kontroversen im Überblick, Reinbek 1988
(Kershaw konzentriert sich auf die wissenschaftlichen Kontroversen. In den Kapiteln über den »Historikerstreit«, das »Problem der Historisierung« und die angeblich »modernen« Züge des Dritten Reiches weist er aber gleichzeitig auf die teilweise fließenden Übergänge zum Revisionismus hin, ohne dies jedoch besonders zu thematisieren. Das Buch ist daher eine sehr gute Ergänzung zu den

Büchern, die sich ausschließlich mit dem Revisionismus beschäftigen.)

Kost, Klaus: Die Einflüsse der Geopolitik auf Forschung und Theorie der Politischen Geographie von ihren Anfängen bis 1945, Bonn 1988
(Dieses sehr kenntnisreiche Buch ist hier deshalb zu erwähnen, weil es sich sehr kritisch mit den »klassischen« geopolitischen Theorien und Ideologien beschäftigt, die heute in der Diskussion über die sogenannte »geographische Mittellage« Deutschlands eine Renaissance erfahren.)

Lenk, Kurt: Rechts, wo die Mitte ist. Studien zur Ideologie: Rechtsextremismus, Nationalsozialismus, Konservativismus, Baden-Baden 1994
(Das Buch enthält verschiedene ideologiekritische Aufsätze zu einzelnen Aspekten des gegenwärtigen Nationalismus und Rechtsextremismus.)

Lipstadt, Deborah E.: Betrifft: Leugnen des Holocaust, Zürich 1994; zuerst: Denying the Holocaust. The Growing Assault on Truth and Memory, New York 1993
(Die amerikanische Historikerin gibt einen guten Überblick über die Entwicklung des – von ihr allerdings nicht so genannten – Revisionismus in den USA. Die übrigen Revisionisten werden mehr am Rande erwähnt. Dabei konzentriert sie sich mehr oder minder ausschließlich auf die »radikalen Revisionisten«. Verbindungslinien zu den »gemäßigten« Revisionisten und anderen revisionistischen Themen werden kaum gezogen, da die Autorin sich offensichtlich in der NS-Forschung weniger gut auskennt.)

Loewy, Hanno (Hrsg.): Holocaust: Die Grenzen des Verstehens. Eine Debatte über die Besetzung der Geschichte, Reinbek 1992
(Außer dem Herausgeber selber ist keiner der anderen Beiträger der Meinung, daß der Holocaust nicht zu erklären sei und die »Grenzen des Verstehens« markiere. Die meisten beschäftigen sich auch gar nicht mit der Geschichte des Holocaust, sondern seiner Interpretation und mit dem, was häufig mit dem unglücklichen Be-

griff der »Vergangenheitsbewältigung« bezeichnet wird. Diese Bemühungen werden von Götz Aly trefflich karikiert.)

Lohmann, Hans-Martin (Hrsg.): Extremismus der Mitte. Vom rechten Verständnis der deutschen Nation, Frankfurt /M. 1994
(Der Band enthält verschiedene Artikel zu historisch-politischen Themen, die zur Zeit kontrovers diskutiert werden. Hinweise zum Revisionismus findet man in den Beiträgen von Hans-Ulrich Wehler über Noltes »Streitpunkte«, Maria Zens über die jüngste Entwicklung des Ullstein Verlages und von Lothar Baier über die französische Nouvelle Droite.)

Mecklenburg, Jens (Hrsg.): Handbuch Deutscher Rechtsextremismus, Berlin 1996
(Das Buch enthält weit mehr als der Titel verspricht. Werden doch keineswegs nur Ursachen, Formen, Organisationen und Repräsentanten des »Rechtsextremismus« in umfang- und kenntnisreicher Weise beschrieben, einige Aufsätze gehen darüber hinaus auch auf die »Themen der Rechten« generell ein, wobei vor allem auf die Verfälschung und Relativierung der Geschichte des Faschismus verwiesen wird.)

Pehle, Walter H. (Hrsg.): Der historische Ort des Nationalsozialismus. Annäherungen, Frankfurt/M. 1990
(Die fast ausschließlich von NS-Forschern geschriebenen Beiträge behandeln sowohl historische Aspekte des Faschismus wie seine Darstellung und Bewertung in der deutschen und internationalen Forschung.)

Peter, Jürgen: Der Historikerstreit und die Suche nach einer nationalen Identität der achtziger Jahre, Frankfurt / M. 1995
(Peter beschäftigt sich schwerpunktmäßig mit der Präventivkriegsthese, die etwas im »Windschatten des Historikerstreits« stand, seitdem aber an Bedeutung gewonnen hat, weil sie unmittelbar der Stärkung der »nationalen Identität« dient, die von den revisionistischen Historikern angestrebt wird.)

Pfahl-Traughber, Armin: Rechtsextremismus. Eine kritische Bestandsaufnahme nach der Wiedervereinigung, Bonn 1993
(Pfahl-Traughber geht in einem sehr knappen und ziemlich oberflächlichen Kapitel auch auf den »zeitgeschichtlichen ›Revisionismus‹« ein, obwohl er den Begriff selber ablehnt.)

Schoeps, Julius H. (Hrsg.): Ein Volk von Mördern? Die Dokumentation zur Goldhagen-Kontroverse um die Rolle der Deutschen im Holocaust, Hamburg 1996
(Der Band enthält nur einige der ersten Rezensionen, die zur amerikanischen Ausgabe von Goldhagens Buch vornehmlich in der »Zeit« erschienen sind. Daher dokumentiert es keineswegs die gesamte Goldhagen-Kontroverse.)

Schwagerl, Hans-Joachim: Rechtsextremes Denken. Merkmale und Methoden, Frankfurt/M. 1993
(Der Verfasser war selber im Bereich des Verfassungsschutzes tätig und geht im Unterschied zu vielen Rechtsextremismusforschern sehr ausführlich und kenntnisreich auf die Ideologie des Rechtsextremismus ein, wobei er auch auf die Verfälschungen der NS-Geschichte im allgemeinen, der Leugnung der deutschen Kriegsschuld und des Rassenmordes im besonderen verweist. Dies wird mit Hinweisen sowohl auf die historiographische wie juristische Literatur kommentiert.)

Steininger, Rolf (Hrsg.): Der Umgang mit dem Holocaust. Europa – USA – Israel, Wien 1994
(Dieser voluminöse Sammelband über die Auseinandersetzung mit dem Holocaust in Wissenschaft und Öffentlichkeit ist hier vor allem wegen der vergleichenden Perspektive zu erwähnen.)

Wehler, Hans-Ulrich: Entsorgung der deutschen Vergangenheit? Ein polemischer Essay zum »Historikerstreit«, München 1988
(Es handelt sich wirklich um einen ebenso bissig wie glänzend geschriebenen »polemischen Essay«, der sich aber mehr auf einzelne Historiker konzentriert, die sich wie Ernst Nolte, Andreas Hillgruber, Klaus Hildebrand und Michael Stürmer während des »Historikerstreits« exponiert haben. Die Kriegsschuldlüge wird nur ganz

knapp erwähnt. Außerdem fehlt der Hinweis auf die Diskussion über das angeblich so »moderne« Dritte Reich. Ebenso erstaunlich wie erschreckend ist, daß sich die 1986 von Wehler scharf getadelten Vergleiche des Dritten Reiches mit anderen Regimen sowie die – relativierenden – Hinweise auf Deutschlands »Mittellage« heute fast im historiographischen mainstream befinden.)

Wielenga, Friso: Schatten deutscher Geschichte. Der Umgang mit dem Nationalsozialismus und der DDR-Vergangenheit in der Bundesrepublik, Vierow bei Greifswald 1995

(Der niederländische Historiker gibt einen knappen Überblick über die Auseinandersetzung mit der nationalsozialistischen Vergangenheit in der (alten) Bundesrepublik, die er insgesamt erstaunlich positiv bewertet und – dem Zeitgeist folgend – mit dem Umgang mit der »DDR-Vergangenheit« vergleicht. Beides scheint mir ungerecht und deplaciert zu sein.)

Wippermann, Wolfgang (Hrsg.): Kontroversen um Hitler, Frankfurt/M. 1986

(In der Einleitung über »Forschungsgeschichte und Forschungsprobleme« findet man einen Überblick über die Hitler- und NS-Forschung, wobei jedoch den schon damals erkennbaren revisionistischen Tendenzen zu wenig Aufmerksamkeit geschenkt wurde.)

Wippermann, Wolfgang: Faschismustheorien. Zum Stand der gegenwärtigen Diskussion, 6. Aufl. Darmstadt 1995

(Diese sechste ist mit der fünften, völlig neu bearbeiteten Auflage von 1989 identisch. Abgesehen von der historischen Herleitung der marxistischen und nicht-marxistischen Faschismustheorien werden die Beziehungen zwischen Faschismus einerseits, Kapitalismus, Bonapartismus, dem Mittelstand, dem »autoritären Charakter« andererseits analysiert. In diesem Zusammenhang wichtig sind die Hinweise auf die Modernisierungsthese sowie die Versuche, den Faschismus- durch den Totalitarismusbegriff zu verdrängen.)

Personenregister

Der Autor

Wolfgang Wippermann, Jahrgang 1945, ist Professor für Neuere Geschichte an der Freien Universität Berlin und hat verschiedene Bücher und Aufsätze zur Geschichte des Faschismus und Bonapartismus, der deutsch-polnischen Beziehungen sowie der Juden und Sinti und Roma in Deutschland veröffentlicht.